CHRONIQUES DE TANGER

JANVIER 1994 - JANVIER 1995

Du même auteur

Le Fleuve détourné, Robert Laffont, 1982.
Tombeza, Robert Laffont, 1984.
L'Honneur de la tribu, Robert Laffont, 1989.
La Ceinture de l'Ogresse, Seghers, 1990.
Une peine à vivre, Stock, 1991.
De la barbarie en général et de l'intégrisme en particulier, Le Pré aux Clercs, 1992.
La Malédiction, Stock, 1993.
Le printemps n'en sera que plus beau, Stock, 1995.

Rachid Mimouni

Chroniques
de Tanger
janvier 1994 - janvier 1995

Stock

Il arrivait vers midi chaque jeudi, démarche dandinante et mine débonnaire. Il prenait son courrier, puisque la radio lui servait de poste restante. Par souci de discrétion lors de son arrivée à Tanger, début 1994 – et peut-être aussi par prudence –, il avait refusé de communiquer son adresse et son téléphone. C'était vite devenu un secret de polichinelle pour ses amis, mais l'habitude de lui servir de boîte aux lettres était restée, par commodité...

L'enregistrement de sa chronique donnait lieu toujours au même cérémonial : il s'asseyait dans mon bureau, allumait la cigarette qui, un peu plus tard, lui couperait le souffle au micro, au grand dam du réalisateur. Et il posait l'immuable question : « Alors, quoi de neuf ? » Il fallait en quelques mots faire le tour de la planète. Et, en échange, il livrait, en exclusivité, le thème du papier qu'il allait lire, son « point de vue » du jeudi. Un détail parfois, et on le sentait vibrer : la chronique était en train de naître. Je me souviens de l'adoption au Parlement européen de lois sur les pigeons voyageurs... Un entrefilet dans un journal jusqu'à ce qu'il les compare aux immigrants – et c'est devenu une histoire.

S'il disait à peine bonjour, il partait sur la pointe des pieds, sans doute pour ne pas déranger... Les derniers temps, chez lui, les stigmates de la maladie avaient profondément creusé ses traits. Il voulait se faire oublier, il était gêné d'être souffrant et jamais n'a réclamé quoi que ce soit pour hâter des soins qu'il aurait dû commencer plusieurs semaines auparavant.

Que dire de cette négligence ou de ce fatalisme chez un homme qui s'était arraché de son pays avec femme, enfants et tristesse, et avait débarqué un soir de Saint-Sylvestre à Tanger. Tanger pour la nouvelle année, pour une autre vie, mais avec une casbah, des murs chaulés de blanc, la mer et Medi 1 qui parle à l'Algérie... Pour ne pas oublier les racines ou chambouler l'horizon. Il avait choisi de poursuivre chez nous son œuvre d'écrivain mais par petites touches et donc, chaque semaine, de nous offrir son regard porté sur l'actualité...

Rachid Mimouni s'est tu, et jeudi à 18 h 45, il n'y aura plus de point de vue.

Daniel FERIN
Rédacteur en chef de Medi 1
Tanger, dimanche 12 février 1995

C'est une habitude bien établie : à chaque nouvelle année, on se couvre de vœux de bonheur. En réalité, les hommes ne cessent de se chamailler, y compris à propos du temps. Car si l'année se termine le 31 décembre à minuit, il faut préciser que c'est selon le calendrier grégorien. Nous, musulmans, nous ne célébrerons notre nouvelle année que le 10 juin. Les juifs ont changé d'année le 16 septembre. Mesurer le temps est un vrai casse-tête. La nature, en multipliant les possibilités, a fourni aux humains un beau sujet de discorde, comme s'ils en manquaient. Que choisir ? Rotation de la lune autour de la terre, ou rotation de la terre autour du soleil ? Le nombre de jours que compte l'année en sera bien différent. Et ce méridien de Greenwich, qui est censé fournir l'heure universelle ? Même l'Angleterre a décidé de l'abandonner au profit d'une heure dite européenne, qui change selon qu'on est en hiver ou en été. Et les jours de repos hebdomadaire : vendredi, samedi ou dimanche ? Les avions d'El Al restent cloués au sol le jour où, en Algérie, commence la semaine de travail. Et les fêtes nationales et religieuses ? Si le 11 novembre est férié en France, les Allemands estiment peu nécessaire de célébrer la date anniversaire de l'armistice, qui est en fait celle de leur capitulation. Que voilà un beau désordre !

Les scientifiques, c'est connu, aiment la rigueur. Ils ont donc défini le temps à leur manière. Pour eux, la seconde est la durée de 9 192 631 770 périodes de la radiation correspondant à la transition entre les deux niveaux hyperfins de l'état fondamental de l'atome de césium 133. C'est ce qui s'appelle être précis.

Pourquoi se débarrasser ainsi de nos deux planètes et de notre astre, après qu'ils ont si longtemps servi ? C'est que ces savants hommes ont découvert une chose effarante. Afin de ne pas nous angoisser, ils n'en ont fait état que dans un langage hermétique aux profanes. En termes simples, ils ont constaté que la rotation de la lune et celle de la terre n'ont rien de régulier. Elles peuvent aller plus vite ou plus lentement. Elles peuvent se comporter de manière imprévue, au mépris de ces lois de la gravitation que les potaches ont tant de mal à apprendre. En somme, elles sont capables de sautes d'humeur, tout comme les humains.

Et si soudain, comme prises de folie, ces deux planètes se mettaient à tourner plus rapidement ? Nous aurions alors l'hiver en été, et l'automne au printemps, la nuit le jour, et le jour la nuit. On se coucherait au moment où il faudrait se lever, et inversement. Il nous faudrait sans doute marcher plus vite, de peur d'être surpris par la tombée du jour. Nous aurions tous les gestes saccadés des acteurs des films de Charlot. Nous atteindrions tous l'âge de Mathusalem avant même d'en avoir la barbe.

Ou alors, éprouvant brusquement le poids des ans, il est possible qu'elles choisissent de ralentir l'allure. Nous aurions, dans ce cas, l'été en hiver, le printemps en automne. Nous nous lèverions au moment où l'on avait l'habitude de se coucher, et inversement. Les journées seraient si longues qu'on se croirait toute l'année en plein ramadan. Nous aurions alors le temps de flâner dans les rues, de humer l'air du temps. A moins que tout le monde ne s'ennuie et que nous consacrions une partie de nos efforts à tuer le temps. Les hommes passeraient de la frénésie à la nonchalance. Les Japonais et les Américains seraient les premiers à en pâtir, puisqu'ils estiment que le temps, c'est de l'argent et qu'ils aiment bien gagner de l'un et de l'autre. Ils deviendraient tristes et dépressifs tandis qu'en Afrique se multiplieraient les arbres à palabres.

Et si, tout de go, les planètes se mettaient à tourner à l'envers ? Le temps se déviderait lui aussi dans le même sens. L'année commencerait le 31 décembre pour se terminer au 1er janvier. Le soleil se lèverait à l'ouest, nous passerions du soir au matin, finissant notre journée de travail avant de l'avoir commencée. Quelle aubaine pour tous les paresseux de la terre qui quitteraient leur bureau avant d'y avoir pénétré. Nous irions de la mort vers la naissance, passant du vieillard chenu au rose poupon. Nous désapprendrions progressivement toutes les choses que nous avions apprises pour revenir à l'état de pure ignorance de nos premiers ancêtres qui, eux, ne se préoccupaient pas de mesurer le temps ni de le découper en tranches.

Et si, répondant à l'invite de Lamartine, le temps acceptait de suspendre son vol ? Ce serait la meilleure solution : sur le lac immobile de nos rêves, chacun de nous, près de son Elvire, connaîtrait le vrai bonheur, sans qu'aucun souci du temps qui passe le trouble jamais.

Éloge des cireurs

En Europe, il est aujourd'hui impossible de faire cirer ses chaussures. Il est connu que le développement économique, à partir d'un certain seuil, entraîne la mort de ce qu'on appelle les petits métiers. Ils offrent pourtant bien des agréments, à l'exception des voleurs à la tire. On est bien content de trouver, sur le chemin de son bureau, chez un vendeur à la sauvette, le peigne qu'on a oublié chez sa maîtresse, comme on aimerait bien pouvoir acheter des lames de rasoir un dimanche du mois d'août. Si l'envie vous prend de grignoter quelques amandes salées, il faut souvent se déplacer jusqu'au supermarché, puis faire la queue devant la caisse, alors qu'un petit marchand ambulant aurait pu vous les proposer. Souvenez-vous des temps heureux où les marchands des quatre-saisons venaient jusque sous vos fenêtres exposer leurs fruits. Les gardiens de voiture ont disparu, remplacés par des parc-mètres avides qui, de surcroît, laissent la voie libre à ceux qui veulent piquer votre radio. Et comment faire pour avoir des souliers étincelants sans se salir les mains et les revers du pantalon dans ces petits matins où l'on est toujours affreusement pressé ? Faute de consacrer plusieurs minutes à cette corvée, nos couvre-pieds finissent par prendre l'aspect d'une peau de crocodile. Le regard sévère du sous-chef de bureau ne manquera pas de le relever et, dans le dossier d'évaluation de l'employé, on lira : négligence. On sait les ronds-de-cuir impitoyables lorsqu'il s'agit de détails. Ils sont comme les footballeurs, ils considèrent que l'avenir est dans les pieds. Les hôtels chic ont ainsi été obligés de placer dans les couloirs des appareils automatiques, ou de fournir à leurs clients des serviettes lustrantes. Alors qu'il est si commode, assis à la table d'un café, de tendre son pied. En Algérie, le président Ben Bella, lorsqu'il était au pouvoir, déclara qu'il était humiliant de voir un homme accroupi au pied d'un autre. Il lança donc la police aux trousses des yaouleds, comme les appelaient les Français à l'époque coloniale. Les garçons munis de leur petite boîte en bois disparurent, et les rues d'Alger devinrent orphelines de leurs cris perçants. L'entreprise d'État qui détenait le monopole du cirage en profita pour réduire drastiquement l'importation de ce produit. Les petites boîtes de Kiwi se retrouvèrent hors de prix au marché noir.

Petits métiers, métiers de la misère ? Sans doute. Mais pourquoi empêcher les gens démunis de se procurer le minimum vital ?

En fait, je crois que si la persistance des petits métiers est un signe de sous-développement, elle dénote aussi un art de vivre. Tout le monde le sait, les Occidentaux sont près de leurs sous. Ils préfèrent se raser eux-mêmes, au risque de se blesser, alors qu'il est si agréable de se laisser faire par un barbier. Les ménagères portent elles-mêmes leurs lourds sacs de provisions.

En revanche, dans d'autres pays, même les moins aisés cultivent la prodigalité. Comme il ne viendrait à personne l'idée de noyer son propre chien, même s'il a la rage, on confie à un tiers le soin d'égorger le mouton de l'Aïd. Alors que vous êtes en train de siroter un thé, ou une bière, il ne convient pas de refuser le sachet de cacahuètes que l'enfant vous invite à croquer, même si vous détestez ces amuse-gueule. Lorsque vous parquez votre voiture, il est impensable de priver de son obole le prétendu gardien qui se présente à vous au moment où vous repartez. A moins de passer pour pingre, la femme qui fait son marché est tenue de confier son sac à un porteur. Si, sur plus de dix mètres, un cireur vous suit en vous proposant ses services, il vous faut céder à ses invites : vos chaussures en ont besoin, et surtout il a besoin de quelques sous encore pour payer son dîner.

En procédant ainsi, nous participons, chacun d'entre nous, à une naturelle redistribution des revenus, sans que l'État ait à intervenir exagérément au travers de mécanismes lourds et complexes.

Si nous voulons une société équilibrée, il nous faut accepter de faire chaque jour cirer nos souliers.

Fantasmes échangés

Les habitants des pays du Nord échangent leurs fantasmes avec ceux des pays du Sud. Chacun rêve d'un ailleurs qui le change de son quotidien. Mais les choses sont bien différentes, selon que l'on se déplace dans un sens ou dans l'autre.

Ceux qui en ont assez de suer sous la chaleur rêvent de s'envoler vers ces pays de cocagne si souvent couverts de brume. Mais il leur faut auparavant obtenir un visa, et l'indispensable sésame n'est délivré qu'au compte-gouttes. Devant les consulats, les chaînes qui endiguent les files d'attente ne cessent de s'allonger. Il faut exciper de mille et une justifications, fournir une infinité de documents. Derrière leurs guichets, les employés sont hargneux ou méprisants. Ils donnent l'impression de passer leurs journées à faire l'aumône. Ils exécutent à la lettre les instructions restrictives qu'ils reçoivent de leur gouvernement, trop heureux de constater que « le temps du laxisme est révolu ».

Les rares privilégiés qui obtiennent le laisser-passer ne doivent pas se croire parvenus au bout de leurs peines. A l'arrivée, la police des frontières est souveraine et peut décider de refouler quiconque lui paraît suspect. C'est alors l'extrême humiliation. Un policier reconduit le voyageur vers l'avion qu'il vient de quitter. Sitôt débarqués, les postulants s'agglutinent, anxieux, devant les guichets. Elles tremblent, les mains qui tiennent les passeports. Ceux qui parviennent à franchir l'ultime barrière ont le sentiment d'accéder au paradis. Pour eux, le soleil brille, même si le ciel est lourd. Ils sont fascinés par les lumières de ces villes situées de l'autre côté de la mer. Les filles y sont réputées faciles, et ils rêvent de se promener au bras d'une blonde le long de rues aux noms étranges. Mais ils doivent réfléchir avant de l'inviter au restaurant, car les devises sont hors de prix. Seuls, ils se contenteraient d'un sandwich parce qu'il leur faut réserver l'essentiel de leur maigre pécule à l'achat de ces produits qui éblouiront tant leurs voisins. C'est la raison pour laquelle ils ont choisi de déposer leur valise, presque vide, dans le moins cher des hôtels. Les plus veinards se font héberger par un compatriote installé là-bas, un parent, si lointain soit-il, un ami d'enfance, même perdu de vue depuis plusieurs lustres. Dès le matin, ils prendront le métro pour aller écumer ces magasins dont la spécialité est, prétendument, de tout brader. Ils reviennent vers leur logis provisoire chargés comme des baudets, sans même se rendre compte que, parfois, ils n'ont fait qu'acquérir des marchandises fabriquées dans leur propre pays.

C'est à l'aéroport, au moment de repartir, que les choses se compliquent. Comme on a tout dépensé, il s'agit d'éviter de payer l'excédent de bagages qui, au poids, coûte souvent plus cher que les produits qui y sont contenus. On ruse ou on pleurniche. Si la règle n'autorise qu'un seul bagage à main, celui-ci pèse souvent trente kilos. Les halls des aéroports européens qui desservent le Sud ressemblent à des entrepôts. Les roues des chariots gémissent sous la charge des colis. Pour pouvoir accéder au comptoir d'enregistrement, il faut être champion de slalom.

Le fétichisme de ces produits venus du Nord atteint un niveau effarant. Dans les rues et les foyers, on ne manque jamais de vous faire remarquer fièrement que tel ou tel objet est importé. Il y a même des magasins qui se sont spécialisés dans le commerce de ces marchandises confectionnées outre-mer. Devant ce phénomène, de plus en plus d'industriels peu scrupuleux n'hésitent pas à apposer sur leurs produits locaux le nom d'une marque étrangère.

Sans doute ceux qui s'entourent de ces produits venus d'ailleurs s'imaginent-ils retrouver ainsi les conditions de vie des pays du Nord. Les chaînes de télévision de l'hémisphère supérieur, placées sur satellite, nous inondent d'images. Leur publicité entretient l'illusion et nourrit les fantasmes. Ceux qui nous fournissent, dans notre propre langue, en feuilletons interminables avivent la tentation. Le train de vie des héroïnes de ces séries à quatre sous conforte les frustrations de Tnos femmes. Elles veulent désormais évoluer dans des décors identiques à ceux que montrent les caméras, conduire les mêmes voitures et s'habiller comme ces starlettes qui squattent notre écran. Tout le monde est ainsi amené à consommer des produits qui relèvent de l'extravagance, des corn flakes au saumon fumé. Cela devient une affaire de standing, les plus démunis se montrant toujours les plus dépensiers.

A tant vouloir ressembler aux autres, nous risquons d'y parvenir. Mais nous aurons beaucoup perdu de notre âme.

Fantasmes (2)

Si les habitants des pays du Nord échangent leurs fantasmes avec ceux des pays du Sud, en ce domaine aussi on peut parler d'échange inégal.

Quand les uns peinent à obtenir le précieux visa, les autres se contentent de réserver leur place d'avion. Ils peuvent entrer dans le pays de leur choix avec n'importe quelle pièce d'identité. Ils sont partout chez eux. Ils rêvent de plage et de soleil afin d'oublier leur ville souvent couverte de brume. Ils rêvent de farniente, après une année d'activité frénétique. Mais, en allant au Sud, ils ont en outre l'inconscient désir, durant quelques jours, de jouer au nabab. A l'embarquement déjà, on voit les plus humbles qui bombent le torse, les plus timides qui apostrophent les agents de la compagnie aérienne comme ils n'auraient jamais osé le faire en d'autres circonstances. Ils sont décidés à faire la fête. Dans l'avion, ils ne cessent de s'interpeller, pour « mettre de l'ambiance ». Dès l'arrivée, ils s'extasient sur la luminosité ambiante, même si le ciel est un peu gris. Il leur faut se convaincre qu'il est d'azur pour ne pas se sentir floués, car il va de soi que le soleil est inclus dans le prix forfaitaire du séjour.

Les hôtels qui les accueillent sont faussement luxueux. Les autorités locales sont peu regardantes sur la légitimité du nombre d'étoiles dont s'affublent ces pompes à devises. Le personnel y est habillé de manière traditionnelle, afin de mieux souligner une différence qui se transforme en supériorité. L'hôtel est forcément situé au bord de la mer. Si la plage est de galets, des camions viennent y déverser un sable fin et blond venu d'ailleurs. Il est nécessaire qu'autour de l'hôtel foisonnent les palmiers ou les cocotiers. Ce sont les symboles évidents de l'exotisme, et il convient de rappeler constamment au client qu'il se trouve bien sous les cieux paradisiaques reproduits sur les affiches publicitaires. A peine les nouveaux venus ont-ils déposé leurs sacs qu'ils se précipitent dans l'eau, même si la mer houleuse, même si un vent frisquet les font frissonner. C'est qu'ils ont payé pour pouvoir se baigner, et ils veulent en avoir pour leur argent.

Par définition, un nabab est un homme riche. Pour feindre de l'être il faut donc beaucoup dépenser. Durant une semaine, ils cesseront alors de compter. Ils abuseront des petites gâteries qu'ils s'interdisaient chez eux. Ils ne manqueront pas de visiter les souks et les bazars, alourdissant leurs valises de colifichets qu'une fois rentrés, ils enfouiront à tout jamais dans un placard : comme les cartes postales envoyées, ces babioles ne servent qu'à prouver la réalité de leur lointaine escapade. Ils vont marchander longtemps le prix du plateau de cuivre ou d'un masque en bois. C'est qu'ils connaissent bien les gens de ces pays, et n'ont pas l'intention de se laisser rouler : on ne la leur fait pas ! Ils trouvent dérisoire le prix de l'objet qu'ils viennent d'acquérir – et sont mortellement vexés d'apprendre que leur voisin de chambre l'a payé deux fois moins cher. Il est sûr que celui qui obtient le moindre prix sera le plus satisfait de son séjour.

Les retours sont toujours un peu tristes. Les plus enthousiastes ont perdu leur entrain. Ils essaient, durant le vol, de fixer dans leur esprit les images les plus marquantes, celles dont il ne faudra pas oublier de faire état devant ses collègues et amis. Pourquoi pas ? A raconter ce qu'on a connu, on vit plusieurs fois. En ce sens, les conteurs, les aèdes, les griots sont les gens les plus comblés du monde parce qu'ils ont mille histoires, et donc mille vies.

Impuissance et Pouvoir

Tous les observateurs s'accordent à le reconnaître, la situation de l'Algérie ne cesse de s'aggraver. C'est, à mon sens, dû en grande partie à l'incapacité fondamentale du pouvoir à prendre les décisions qui s'imposent. En de nombreux domaines, la politique des dirigeants semble consister à laisser pourrir les choses. Ainsi, ils ont tergiversé durant de longues années avant d'accepter de rééchelonner la dette extérieure. Cette décision était pourtant devenue indispensable et urgente, car le service de cette dette étouffait l'économie nationale en absorbant près de 90 % de ses ressources en devises. La question de la dévaluation du dinar reste posée. Nul doute qu'il est largement surévalué : le taux de change parallèle est là pour le prouver. Mais les gouvernants ne cessent d'ergoter, dans la crainte des conséquences de cette mesure. S'il est certain que ce réajustement entraînerait une brutale hausse des prix et accroîtrait le mécontentement populaire, les revendications salariales et les grèves, il n'en demeure pas moins que cette décision est inévitable et qu'il faudra bien y consentir.

Il en est de même à propos des entreprises publiques – inefficaces, déficitaires, chargées d'un personnel pléthorique : leur sort reste en suspens. Le pouvoir, toujours aussi velléitaire, songe périodiquement à les fermer ou à les privatiser, mais sans oser franchir le pas. C'est qu'il craint d'affronter la colère de la puissante UGTA, aujourd'hui devenue, après l'armée et le FIS, un important acteur politique. Il en va de même en ce qui concerne la réforme de l'éducation. Devant le fiasco général de l'enseignement public, s'est développée l'idée d'autoriser les écoles privées. Mais celles-ci auraient sans nul doute accordé une plus large part à la langue française. Redoutant les assauts conjugués des intégristes et des baassistes, alliés dans la défense de la langue arabe, on a mis le projet sous le boisseau.

Il en est de même dans le domaine politique. La constitution algérienne de 1989, tout en autorisant le pluripartisme, précisait que nul parti politique ne pouvait se prévaloir de la religion, étant donné que son article II dispose que l'islam est religion d'État. Dans son arrogance, celui qui ne s'appelait que le Front du salut tint à s'approprier l'islamisme et à s'appeler le FIS. Le pouvoir fut requis de donner son avis. Comme il ne cessait de temporiser, le bureaucrate chargé du dossier donna son aval.

On est parvenu à un tel état de déliquescence du pouvoir que, durant la guerre du Golfe, un leader de ce parti s'affubla d'une tenue militaire, exigea et obtint d'être reçu par le chef d'état-major de l'armée. Il ne fut arrêté que lorsqu'il se mit en tête de forcer l'entrée de la télévision pour prononcer un discours appelant au renversement du régime en place.

Après la disparition de Boudiaf, le HCE ne fit que ratiociner ou accumuler les actions contradictoires. Il en vint même à nommer un Premier ministre dont les idées étaient notoirement à l'opposé de celles qu'il préconisait. Celui qui, dans les années 70, avait institué le monopole de l'État sur le commerce extérieur, ne pouvait renier son action passée. Il entreprit donc, dès son arrivée, de refaire ce qui avait été défait, sans que la direction suprême n'osât le rappeler à l'ordre. Cela ne put que favoriser la confusion. En annonçant qu'il allait s'autodissoudre à la fin de 1993, le HCE avouait son impuissance et son incapacité à faire face à la situation.

La conférence nationale qui devait établir un consensus et organiser une direction provisoire souffrit de la même indécision. Ainsi fut ratée une chance historique de sortir le pays de l'ornière. Alors que l'opinion publique s'attendait à un renouvellement majeur du personnel politique, on ne parvint qu'à désigner, comme successeur à la tête de l'équipe qui se démettait, un homme issu du même sérail, qui se dépêcha de reconduire dans ses fonctions l'ancien Premier ministre, comme pour signifier que rien n'avait changé, comme si tout allait pour le mieux dans la meilleure des Algérie. La réplique des terroristes donna la mesure de ce pas de clerc : ils poursuivirent leurs attentats.

Et ainsi, on se retrouve à la case départ, mais cette fois sans espoir de voir résolue la question publique. C'est de détermination et de courage que les dirigeants algériens manquent le plus.

A propos de télévision, nous assistons à un combat de titans qui met aux prises les grands producteurs d'images. Grâce à la toute-puissance de la technique, les satellites arrosent désormais sans distinction d'immenses zones géographiques. Les ondes se rient des frontières inventées par les hommes. Le marché des images s'est donc mondialisé. Du Rwanda au Bangladesh, on voit défiler les mêmes images. En ce domaine, la supériorité des États-Unis est écrasante. Ce n'est pas en demandant une clause d'exception culturelle lors des négociations du GATT que la France pourra y changer quelque chose. Dans vingt ans, tous les enfants du monde parleront anglais et mangeront des hamburgers. Le phénomène est déjà sensible dans de nombreux pays où les jeunes ne portent plus que jeans, blousons, baskets, jogging et casquettes. Ainsi, le mode de vie yankee est en train de devenir universel.

C'est souvent en dépit du bon sens qu'on singe les habitants d'outre-Atlantique. Le spectacle de l'interminable queue de Moscovites devant un restaurant américain est hallucinant. Comme s'il était vital pour les Russes d'avaler une rondelle de viande hachée enduite d'une sauce écœurante. Fantasme de l'identification, là encore. Les Français eux-mêmes, qui se targuent d'être les champions de cette croisade contre l'impérialisme américain, finissent par sacrifier à la mode. Sous la pression des enfants, ils vont au fast food le plus proche en sortant du cinéma qui projetait *Jurassic Park*. Pour leur part, ils auraient opté pour *Germinal* et un bon petit restaurant réputé pour sa cuisine familiale. Mais ils résistent peu. S'ils ont abandonné la baguette emblématique au profit d'un pain de mie livré sous sachet, c'est que le boulanger est bien trop loin, et le supermarché si pratique.

C'est dans les pays du tiers monde que les ravages médiatiques sont le plus remarquables. Là, on se contente d'ingurgiter, bouche bée, ce flot d'images. Le plus misérable gourbi dispose d'une antenne sur son toit. Dans les cafés, jeunes et vieux s'agglutinent par dizaines, tête levée vers un récepteur vieillot et grincheux, pour suivre les états d'âme de ces garçons et filles qui se caressent et s'embrassent dans les rues, alors qu'eux-mêmes n'ont jamais osé tenir en public la main de leur femme. Devant leur verre de thé, ils passent ainsi des heures à cultiver leurs frustrations. Le soir, les rues se vident dès que débute le générique de la série en vogue. On augmente le son. Celui qui a été retenu et se dépêche de rentrer chez lui peut suivre, de fenêtre en fenêtre, les aventures de ses héros préférés. Ainsi, dans des millions de foyers, on retient sa respiration, on rit, on pleure au même moment.

Le Maghreb n'est pas épargné par cette pluie diluvienne d'images. Bien qu'on y soit majoritairement musulman, on suit avec assiduité les peines et les joies de ces nouvelles idoles. Ces stars qui entrent chez nous à heure fixe se moquent du ramadan. Elles mangent et boivent alors que notre ventre crie famine et qu'on ne cesse de surveiller les aiguilles de l'horloge qui traînent désespérément. Lorsqu'une scène osée se déroule, le père fait mine de s'intéresser à la pointe de ses souliers tandis que la mère va surveiller le plat qui mijote dans la cuisine. Les plus aisés installent chez eux plusieurs appareils, chacun se délectant dans sa pièce des mêmes séquences, sans avoir à se préoccuper du regard d'autrui.

Superbe hypocrisie.

On sait bien qu'à terme, on va aboutir à la mort de toute singularité culturelle. Les chaînes nationales de télévision dépérissent progressivement par désaffection du public. Les films dont les acteurs nous ressemblent ne pourront plus être tournés, faute de financement. Pour prendre conscience de nos conditions d'existence, de notre vision du monde, de nos valeurs, il faudra attendre que de lointaines caméras viennent filmer notre quotidien. Nous vivrons ainsi par procuration télévisuelle étrangère, laissant aux autres le soin de nous expliquer ce que nous sommes. Nous finirons alors par nous conformer à l'image qu'ils veulent avoir de nous.

Ramadan

Tout le monde sait que, durant le mois de ramadan, on ne travaille pas fort. Un ventre qui crie famine n'incite pas à l'effort. Comme on veille tard, le matin, au moment de se mettre à l'ouvrage, on bâille déjà. Le fumeur est en manque de nicotine, et l'amateur de thé de sa drogue préférée. Tout le monde surveille sa montre, qui devient l'objet personnel le plus important. Chacun a hâte d'en finir avec l'interminable journée. Les responsables sont, comme par hasard, en rendez-vous à l'extérieur une heure avant la fermeture. Quelques minutes après leur départ, les subalternes en profitent pour s'éclipser. Les magasins baissent leur rideau. Les chauffeurs de taxi refusent les clients. Mine de rien, les pilotes d'avion augmentent la vitesse pour atterrir à temps, en dépit des règles de sécurité. Les mendiants eux-mêmes cessent de quémander. Avoir le ventre creux est désormais le sort commun.

Tout se met au ralenti. On regarde sans voir comme on travaille sans conviction. On ignore les amis comme on embrasse des inconnus. On marche sans savoir où on va. On reconnaît ceux qu'on a oubliés, et on oublie ceux qu'on connaît.

Après l'instant béni du crépuscule, dès que l'on a fini de faire bombance, on sent son corps gagné par l'euphorie. Il faut s'allonger un moment. Lorsqu'on se réveille, on a envie de sortir afin de se venger des privations diurnes.

En fait, il serait plus simple de donner congé durant ce mois à tous ceux qui travaillent au lieu de choisir août, qui ne correspond à rien. Mais sagesse et décision politique s'opposent souvent, hélas. C'est le drame de nos dirigeants. Ils font montre d'une constante frilosité qui ne leur épargne pas de tomber dans toutes les ornières. Le mécanisme des décisions politiques fait souvent songer à une roue à cliquets, qui ne peut tourner que dans un seul sens. Ce sont sur les bévues commises qu'il est le plus difficile de revenir.

Ainsi, certains pays arabes ont décidé que les deux jours de week-end se situeraient les jeudi et vendredi. Ce faisant, ils savaient qu'ils allaient être en déphasage durant quatre jours avec le reste du monde. On peut se permettre de ne pas marcher au même pas que les autres à la condition d'être sûr de ne pas se laisser distancer, et c'est un luxe fort coûteux. C'est en se soumettant aux règles communes que nous recouvrerons nos forces afin de conforter notre identité. Le Japon en est un exemple édifiant.

Le plus dur, comme toujours, est de séparer le bon grain de l'ivraie, de distinguer les valeurs qui nous fondent des pratiques désuètes et vides de sens. Les pays occidentaux eux-mêmes ont dû s'adapter aux changements qu'entraînait le progrès.

La modernité est aujourd'hui devenue incontournable. Il faut s'y engager plus tôt, et ne pas avoir honte de se mettre à l'école des autres. Certains de nos pays, cultivant un orgueil suicidaire, continuent à refuser de s'ouvrir à tout apport extérieur. Ils y seront contraints tôt ou tard, et dans les pires conditions. L'Histoire est rancunière. Un jour ou l'autre, elle fait payer le prix des erreurs commises. D'autres, en revanche, ont choisi l'option de l'ouverture. Il est loisible de constater qu'aujourd'hui ce sont ceux qui se portent le mieux. S'ils peinent à avancer, ils avancent néanmoins. Si la route est longue et le but encore lointain, le chemin déjà parcouru les incite à poursuivre leur marche. Ils savent que leurs efforts seront récompensés. C'est comme pendant le ramadan : l'abstinence du jour est vite oubliée la nuit.

La rose

Tout le monde aime les fleurs, et les femmes plus particulièrement. Offrir des fleurs est un message d'amour ou de tendresse auquel nul ne reste insensible. Quand on est seul et qu'on a le cafard, on les achète soi-même. C'est le meilleur moyen de se faire plaisir. Un bouquet dans une pièce, c'est comme l'apparition du soleil, il illumine tout et redonne le sourire aux plus tristes.

En matière de fleurs, la rose est reine, même si, selon Ronsard, elle ne vit que l'espace d'un matin. Elle reste indétrônable en dépit des tentatives de ses nombreuses rivales. Voir la vie en rose n'est pas une expression dénuée de sens, même si la corolle de la fleur peut prendre toutes les couleurs de l'arc-en-ciel, du mauve au carmin en passant par mille et une délicates nuances. Elle est le symbole de l'amour. Celui dont le cœur s'emballe ne saurait offrir autre chose à l'aimée, avant, bien sûr, d'aller rendre visite à un diamantaire.

J'ai été agréablement surpris d'apprendre que le Maroc est devenu un grand exportateur de roses.

Il est des pays qui préfèrent vendre des armes,

sans trop se préoccuper de leur destination ni de leur usage. Il en est d'autres qui se contentent de brader les ressources dont la nature les a pourvues. Sans faire le moindre effort, ils laissent des pompes étrangères aspirer leurs richesses. Ils n'ouvriront les yeux que lorsqu'ils seront nus. Les Japonais inondent de leurs voitures et de leur électronique le monde entier. Les Américains ont la suprématie pour les logiciels informatiques. Les Français se distinguent dans les produits de luxe. Les Allemands ont la réputation de fabriquer des produits très fiables.

Mais cultiver des roses relève d'une forme d'humanisme. Ceux qui s'y adonnent ne peuvent vouloir le mal d'autrui et il est impossible de douter de l'usage qu'on en fera au-delà des frontières. Elles ne peuvent qu'aller embaumer une pièce de leur délicat parfum tout en ajoutant au plaisir des yeux. Si, ce faisant, l'exportation de ce que je n'ose appeler une marchandise sert à renflouer en devises les caisses de l'État, c'est un bien pour un mal – cas assez peu fréquent dans le système des échanges internationaux.

Exporter des roses. Il suffisait d'y penser... et de s'atteler à la tâche. Il est toujours bon de cultiver son jardin. On en tire de multiples profits.

En définitive, c'est d'inventivité que les pays du tiers monde manquent le plus. C'est souvent d'un rien qu'on fait fortune. Un parfum de luxe français, vendu hors de prix, est d'abord un mélange d'alcool et d'essences de fleurs. C'est le symbole qui s'y attache qui en fait la valeur.

Nos pays semblent se complaire à dévaloriser

leurs produits. Pour quelle raison 250 grammes de corn flakes, qui n'est que du vulgaire maïs, coûtent-ils plus cher que trois kilos de semoule ? Nous cédons un vase de cuivre qui a exigé des heures de travail et un immense savoir-faire pour une bouchée de pain. C'est sans doute parce que nous manquons d'estime pour nous-mêmes que nous déprécions ce que nous fabriquons.

Je crois qu'il convient d'inciter nos compatriotes à cultiver les roses. Le monde ne s'en portera que mieux.

Les progrès

Aux premières décennies de ce siècle, on a assisté à une formidable avancée de la connaissance en matière de physique nucléaire, à laquelle Einstein a contribué amplement. En quelques années, on a successivement découvert nombre de lois qui régissent l'infiniment petit, c'est-à-dire l'univers de l'atome. Cela avait donné lieu à de nombreux débats philosophiques. Au centre de la controverse, il y avait le fameux principe d'incertitude de Heisenberg, qui démontre qu'on ne peut connaître en même temps la position et la vitesse d'un électron. C'était mettre en pièces toutes règles qui fondent la mécanique. Certains penseurs de l'époque en avaient déduit qu'on venait d'arriver à l'extrême limite du savoir humain, et que la science ne pourrait plus faire le moindre progrès.

On sait bien qu'il n'en fut rien, pas plus dans le domaine de la recherche fondamentale que dans celui de la recherche appliquée. L'électronique, fille de ces mêmes lois, ne cesse de nous fournir les preuves de cette progression ininterrompue. Il y a d'abord eu la télévision qui a beaucoup changé notre mode de vie, même avant d'avoir pris des couleurs. Et puis les ordinateurs. Les premiers modèles avaient des dimensions gigantesques sans être très performants. Ils n'ont pas tardé à se miniaturiser. Les micro-ordinateurs d'aujourd'hui élargissent continuellement le champ de leurs aptitudes, grâce à des logiciels d'une complexité effarante. Ceux qui les utilisent y perdent leur latin mais acquièrent l'anglais, la langue unique qui régit ces machines. Elles peuvent écrire, dessiner et même chanter sans le moindre complexe. Le plus grave est que ces bidules finissent par nous faire croire qu'ils ont le pouvoir sur nous. Ils nous adressent souvent des messages à la fois énigmatiques et péremptoires, comme s'ils avaient affaire à des demeurés. Dans ce cas, le meilleur geste consiste à débrancher la prise : leur écran se ternit soudain et leur opérateur recouvre la plénitude de sa confiance en lui. Jusqu'à la fois suivante.

Toujours grâce aux progrès de l'électronique, dans les usines, les robots sont en train de remplacer les ouvriers : ces monstres coûtent moins cher, sur le long terme, et ont surtout l'avantage de ne pas faire grève. Les cartes bancaires nous dispensent désormais de transporter d'importantes sommes d'argent dans nos poches mais en les utilisant, on oublie souvent que le solde de notre compte est bien mince. Les jeux vidéo fascinent les adolescents. Ils en usent jusqu'au risque d'épilepsie. Les téléphones mobiles se multiplient. Un ordinateur pilote automatiquement les avions. Ne parlons pas de l'extrême sophistication des aéronefs militaires. Les petites puces sont même en train d'investir les voitures, pourtant domaine de prédilection de la mécanique.

Et qui sait ce que demain nous réserve encore ? Les futurologues nous promettent mille et une merveilles à venir. Mais la question que posaient les philosophes au début de ce siècle reste d'actualité. Parviendrons-nous un jour à la connaissance ultime de la matière et de la vie ? Cela signifierait qu'il n'y aurait plus de découvertes à faire, donc plus de progrès. Mais cela ne signifierait-il pas notre fin, puisque nous aurions bouclé la boucle ?

Ou bien alors, débarrassés de tout effort de recherche scientifique, mènerions-nous une existence seulement préoccupée de spiritualité ? André Malraux disait que le XXIe siècle serait religieux ou ne serait pas.

Maintenant déjà, on assiste à la résurgence de divers mouvements de croyances, des trois religions monothéistes aux diverses sectes mystiques originaires de l'Asie.

Fort malheureusement, ce sont trop souvent de mauvais bergers qui les guident. Il y a plus de Moon que de Martin Luther King. Au lieu de chercher à réconcilier, ils s'acharnent à diviser ; au lieu de prêcher l'amour, ils préfèrent répandre la violence. Il peut y avoir fort à craindre d'une alliance suicidaire entre une technologie démesurée et une spiritualité dévoyée.

Le dernier roman de Tahar Ben Jelloun, L'*Homme rompu*, qui vient de paraître au Seuil, a pour thème central le problème de la corruption, qui est effectivement devenue un fait de société.

En cette matière, il y a toujours un couple : le corrupteur et le corrompu. Il est certain que celui qui glisse une enveloppe gagne beaucoup d'argent par ailleurs. C'est celui qui la reçoit qui est le plus aliéné : il devient plus dépendant qu'un drogué.

Là aussi, il y a les grands et les petits. Ceux qui, après avoir reçu une seule commission, sont assurés de vivre dans l'aisance jusqu'à la fin de leurs jours. Et ceux qui doivent se contenter de la pièce qu'on leur glisse directement dans la main.

Dans les pays pauvres, en Afrique notamment, la corruption est un mal endémique qui cause plus de ravages que la mouche tsé-tsé, qui aide tant à fermer les yeux. Lorsque l'on débarque dans un aéroport, il faut toujours avoir un billet glissé dans son passeport si l'on veut franchir les contrôles. Inutile d'espérer obtenir le moindre document administratif si l'employé n'a pas aperçu la couleur de votre argent. Le pire est que cela se pratique sans la moindre pudeur : votre interlocuteur n'hésitera pas à réclamer « son dû », si d'aventure vous avez oublié de vous conformer aux usages.

Les pays riches, où il y a bien sûr beaucoup d'argent à gagner, ont chacun leur tradition dans ce domaine.

En France, cela donne lieu aux « affaires », espèce de sport politique qui oppose la gauche à la droite. Dès qu'un parti arrive au pouvoir, il se préoccupe d'abord d'aller déterrer quelques dossiers louches concernant l'adversaire pour les donner en pâture à la justice et à la presse. Ce n'est pas que les uns soient plus vertueux que les autres. Ils traînent tous nombre de casseroles. Mais le jeu consiste à jeter le plus de pierres possible dans le jardin de l'autre.

En Italie, la corruption est l'arme reine de la mafia après, bien sûr, le fusil à canon scié. Le réseau de cette organisation innerve tout le pays. Les scandales ont été si nombreux qu'il a fallu en arriver à un changement institutionnel.

Au Japon, ce fléau a contraint des gouvernements à démissionner. Aux États-Unis, cela a pris les dimensions d'une calamité nationale. Entre la maffia, les lobby de toutes origines et le groupe militaro-industriel, des sommes considérables circulent en sous-main. Kennedy, en arrivant à la présidence, avait nommé son propre frère attorney général, avec la nette intention de nettoyer les écuries d'Augias. On peut penser que c'est la raison pour laquelle l'un et l'autre furent successivement assassinés. Il est pratiquement certain que le président Boudiaf a été abattu parce qu'il avait décidé de s'attaquer à cette épidémie, ce qu'il signifia en mettant en prison un très influent général.

Concernant le complot qui aboutit à l'élimination physique du président algérien, un autre livre, intitulé *La Poudrière algérienne* et paru aux éditions Calmann-Lévy à Paris, apporte des révélations surprenantes. Ses auteurs, Mireille Duteil et Pierre Devoluy, connaissent bien le pays. Ils nous apprennent ainsi que Boudiaf, informé des monstrueux trafics qui rongent l'économie du pays, avait décidé, dès son installation au pouvoir, de nommer deux comptables militaires pour enquêter sur ces affaires. Lorsqu'il voulut les revoir, quinze jours plus tard, il apprit que les deux incorruptibles venaient d'être mutés à Dakar. Il exigea leur retour immédiat mais ne les revit jamais. Son entourage lui affirma sans sourciller que les comptables étaient morts au cours d'un assaut contre les terroristes, alors que ces deux hommes n'avaient évidemment jamais participé à aucune opération armée. En réalité, ils avaient été supprimés à cause de leur gênante curiosité. A ce moment-là, Boudiaf a dû sentir autour de lui l'odeur nauséabonde de la mort.

La guerre

Une question me hante depuis longtemps. Celle de savoir si, un jour, les habitants de la planète vont cesser de s'entretuer. Tous les prétextes sont bons pour se faire la guerre, mais les querelles de frontières fournissent depuis des siècles un excellent motif.

Entre la France et l'Angleterre, il y eut une guerre de cent ans à cause de quelques arpents de terre. La possession de l'Alsace et de la Lorraine fut une raison majeure de discorde entre l'Allemagne et son voisin. Souvenons-nous de la fameuse ligne Oder-Neisse, qui fit couler tant d'encre puis de sang. La Libye et le Tchad ne cessent de se disputer la bande d'Aouzou, territoire totalement désertique, comme si l'un et l'autre manquaient de sable. L'ex-Yougoslavie est en train de se déchirer sous nos yeux et la Serbie délimite ses frontières par les trous que creusent ses obus.

Avec l'établissement des frontières, il a bien fallu inventer les passeports, c'est-à-dire le moyen de « passer les ports » car jadis on voyageait surtout par mer. Et puis on a créé la police des frontières pour contrôler les entrées et sorties de ceux qu'on a appelés des étrangers parce qu'ils habitaient au-delà d'une ligne donnée. Puis ces curieux petits carnets individuels, diversement colorés, sont devenus insuffisants. On a imposé des visas. Quelle autre barrière érigera-t-on demain ?

Dans la région subsaharienne, les Touaregs, depuis des temps immémoriaux, avaient l'habitude d'aller et venir librement pour les besoins de leur commerce ancestral. On peut imaginer leur stupéfaction le jour où ils s'entendirent réclamer un passeport pour franchir la frontière. Quelle frontière ? Ils n'apercevaient devant eux qu'une immense étendue de sable. Et pourtant les gouvernants de pays limitrophes avaient dépensé des fortunes pour délimiter au mètre près leur portion de désert.

Autrefois, rien de tout cela n'existait. Marco Polo, pour aller en Chine, a encouru beaucoup de dangers mais n'a jamais eu besoin d'exhiber le moindre document. Ibn Batouta non plus, lui qui a tant navigué. Imagine-t-on Ulysse abordant l'île des Lotophages avec un passeport à la main ?

Chaque pays a ainsi peu à peu délimité son territoire. Quand on acquiert un lopin de terre, on en devient vite jaloux et on se met à craindre que le voisin ne vienne loucher dessus. Comme les citoyens d'un pays considèrent toujours qu'ils habitent le plus beau pays du monde, ils deviennent vite certains que ceux qui se situent de l'autre côté de la frontière les envient et ne rêvent que de les envahir.

De nombreuses expressions ont ainsi été forgées pour désigner ces ennemis potentiels. Du temps de

Napoléon, l'Angleterre, pour les Français, s'appelait la perfide Albion. Il y eut la période où l'on parlait beaucoup des revanchards allemands. Dans la langue de bois de la défunte Union soviétique, les pays du bloc communiste étaient considérés comme « des pays épris de paix », ce qui impliquait qu'a contrario les autres ne l'étaient pas. Il fallait donc veiller à se défendre contre eux. Pour l'ayatollah Khomeiny, l'Amérique personnalisait le « Grand Satan », et comme il convient de se méfier des diables...

Il faut donc mettre sur pied une armée capable de résister aux envahisseurs. Bien sûr, ça coûte les yeux de la tête, et en général cela ne sert à rien.

Les frontières sont stupides. S'il faut en fournir une preuve, on peut citer l'exemple de l'Europe. Après s'être acharnée durant des siècles à ériger des barrières, elle est en train aujourd'hui de les abattre.

En matière de séparation, de limites, de frontières, je préfère la ligne bleue de l'horizon. Elle a non seulement l'avantage d'être imaginaire, mais aussi celui de reculer au fur et à mesure qu'on en approche.

Jeudi 14/04/1994

Les intellectuels algériens sont en train de vivre une situation dramatique. Les terroristes ont juré de les abattre les uns après les autres. Ce n'est pas une menace en l'air puisque plus d'une dizaine d'entre eux ont déjà été assassinés. L'écrivain Tahar Djaout a reçu deux balles dans la tête. Le célèbre dramaturge Abdelkader Alloula a subi le même sort. Le poète Youssef Sebti a été égorgé chez lui. Le psychiatre Boucebci a été lardé de coups de couteau au moment d'entrer à l'hôpital. Le médecin romancier Flici a été décapité dans son cabinet. Et avec eux, tant d'autres, journalistes, enseignants, ont disparu.

C'est la première fois dans l'Histoire qu'on voit un mouvement terroriste se proposer d'éradiquer toute l'intelligentsia d'un pays, comme s'il s'agissait d'une mauvaise herbe ou d'une maladie, dans une entreprise délibérée d'élimination totale de toute forme de pensée et de création. Le projet consiste à décerveler le pays. Au-delà du fait qu'on peut s'inquiéter de l'avenir d'une nation dont on aura supprimé toute l'intelligence vive, il reste que des femmes et des hommes tombent les uns après les autres parce qu'ils ont simplement osé exprimer leurs idées.

Le pouvoir s'en lave les mains. A défaut de se donner les moyens d'assurer leur protection dans le pays même, il aurait pu songer à les éloigner de l'endroit où se trouve suspendue l'épée de Damoclès qui les menace. Il aurait pu mettre en œuvre de multiples formules, notamment en les envoyant dans les représentations algériennes à l'étranger où ils auraient accompli un excellent travail, à l'inverse des obscurs bureaucrates qui y lézardent actuellement dans une sinécure dorée. C'eût été la meilleure façon de préserver l'avenir du pays.

Ainsi, nombre d'intellectuels ont été contraints à l'exil. Ils ont dû partir précipitamment, sans même être assurés d'un lieu d'asile.

Les pays étrangers, qui avaient pour eux les yeux de Chimène tant qu'ils n'étaient pas sollicités, regardent soudain ailleurs. Ceux que les intégristes qualifient d'agents du « Parti » de la France, simplement parce qu'ils s'expriment dans la langue de Voltaire, n'ont pu être accueillis dans la patrie de cet écrivain. L'un a dû quitter femme et enfants pour atterrir dans un monde inconnu de lui. L'autre ne parvient plus à subvenir à ses besoins. L'un des plus grands peintres algériens se trouve en situation irrégulière en France. A l'expiration du visa obtenu et dont il demandait le renouvellement, son interlocutrice lui avait répondu : « Je vous conseille de retourner chez vous la tête haute plutôt que menottes aux poings. » Ignorait-elle qu'elle l'envoyait vers la mort ? Un professeur émérite, qui fut un temps considéré comme indispensable dans tous les congrès mondiaux de sa spécialité, ne parvient pas à obtenir un poste d'assistant là où il a été contraint de se réfugier.

Cette diaspora intellectuelle vit dans la solitude et l'amertume.

Aux victimes du terrorisme, certaines bonnes consciences ne cessent d'opposer la violence répressive du pouvoir, avec son cortège d'exécutions sommaires et de tortures, comme si les intellectuels étaient les instigateurs de ces représailles. Si ces intellectuels ne partagent pas le projet de société des intégristes, faut-il pour autant leur imputer les exactions des forces de l'ordre ? Ils n'ont pourtant jamais cessé de dénoncer la corruption, l'incurie et les dérives des dirigeants.

Ils sont aujourd'hui abandonnés de tous. Le sort de ces nouveaux proscrits n'a ému aucun pays. Pour eux, l'incertitude du lendemain s'ajoute aux affres du déracinement. Ils errent de ville en ville, de pays en pays. Celui-là déprime, et celui-ci se noie dans l'alcool. La fine fleur de l'intelligence algérienne est en train de se faner à l'étranger, dans l'indifférence générale.

A partir de janvier 1992, après l'interruption du processus électoral, des milliers d'intégristes ont été accueillis dans les pays européens. En revanche, ceux qui sont aujourd'hui menacés de recevoir une balle dans la tête ne trouvent aucun secours. Leur seul tort est d'avoir défendu ces principes de liberté, de démocratie, de modernité qu'ils croyaient partagés par tant d'autres hommes. Mais aux yeux des barbares, c'est un crime passible de la peine de mort.

Dès que la nuit tombe sur Alger la blanche, une fureur meurtrière s'y déchaîne. Ses poètes meurent ou désertent la cité. Face à eux, un mur d'indifférence, d'impassibilité. Ils sont meurtris au plus profond de leur être. Ils espèrent pourtant encore qu'une main se tendra enfin vers eux, que se desserrera l'étau impitoyable des lois qui régissent l'entrée et le séjour des étrangers dans les pays riverains de la Méditerranée, cette mer qui devrait nous unir plus que nous séparer. *Mare nostrum,* disaient les Romains. Notre mer. Notre mère. Caïn, que faites-vous de vos frères Abel ?

Dans les pays du tiers monde, le taux de croissance démographique est l'un des freins majeurs au développement. Évoluant entre 2 et 3 %, il exerce une pression insoutenable à tous les niveaux. Les pères de famille peinent à nourrir leur trop nombreuse progéniture. Leurs enfants grandiront dans des conditions déplorables, avant d'aller rejoindre les taudis de villes qui ne cessent de s'étendre au point de devenir invivables. A Lagos, au Nigeria, il est impossible de circuler en voiture. A Calcutta, en Inde, il est impossible de circuler à pied. A Alger, plus de vingt personnes s'entassent de nuit dans un deux-pièces, filles et garçons mêlés. A Kinshasa, des camions passent chaque matin ramasser les morts comme ailleurs on ramasse les ordures. Dans les rues du Caire règne une fabuleuse anarchie, de jour comme de nuit. Si on veut éviter le bruit assourdissant de Casablanca, il faut se boucher les oreilles avec des boules de cire. Mexico ne cesse de s'étendre et personne ne sait combien de gens y habitent. Les favellas de São Paulo donnent une approximation réussie de l'enfer.

L'infrastructure économique et sociale n'arrive plus à suivre. Devant la progression des besoins, il faut chaque année construire des écoles, des hôpitaux, des logements. Il faut sans cesse agrandir ou multiplier les mairies, les bureaux de poste, les routes. Il faut élever des barrages pour approvisionner les gens en eau et leur assurer un minimum d'hygiène. Il faut surtout parvenir à nourrir cette population. L'extension du béton fait que les terres arables se réduisent comme peau de chagrin. Certains pays qui, selon l'expression ancienne, étaient des greniers à blé sont devenus importateurs de produits alimentaires.

S'ajoute à cela le problème de l'emploi. Les économistes ont démontré que la faiblesse des économies ne permet pas d'assurer à chacun un emploi. Les jeunes vont donc aller grossir les rangs déjà bien nombreux des chômeurs. L'insécurité et le banditisme vont fleurir de plus belle dans ces zones où grouillent les laissés-pour-compte.

Lorsque l'on scrute l'avenir, on ne peut qu'envisager une dégradation continue des conditions de vie des habitants. Les ressources naturelles d'un pays ne sont pas extensibles à l'infini. Dans la région semi-aride du Maghreb, la pluviométrie est d'un niveau tel que dans quelques décennies, quel que soit le nombre de barrages édifiés, on ne parviendra plus à irriguer les terres. Ce sera la lente agonie de l'agriculture. Et puis on ne parviendra plus à alimenter tout le monde en eau. Les images du Sahel où bêtes puis hommes mouraient de soif sont encore dans nos mémoires. Il est scientifiquement prouvé, quels que soient les progrès de l'agriculture, qu'à moins d'un demi-hectare de terre cultivable par habitant, on ne peut subvenir aux besoins alimentaires. Le Maghreb risque de franchir ce seuil dans cinquante ans, si le taux de croissance démographique actuel se maintient. Et cela s'accompagnera d'une détérioration progressive et irréversible du milieu écologique. La surexploitation des superficies encore viables ne pourra qu'accélérer leur désertification. A l'assèchement des rivières s'ajouteront les pollutions des mers.

Non, je ne suis pas en train de dresser une vision délirante et apocalyptique du futur. Toutes ces prévisions sont contenues dans les nombreux rapports de la FAO que des experts mondiaux, après de longues années d'études, ont rédigés.

Le sort qui nous est promis, s'il n'est pas réjouissant, n'est pas non plus inéluctable. Il est encore possible d'éviter la catastrophe démographique. Il suffirait que nos gouvernants cessent de se voiler la face. Les moyens de réduire les taux de natalité existent depuis longtemps, et ont montré leur efficacité. Mais on sait bien que s'attaquer au problème de la croissance démographique n'est pas une stratégie politiquement rentable : elle ne pourra produire ses fruits que dans plusieurs décennies, c'est-à-dire sans que le décideur puisse en bénéficier.

Il nous reste à espérer qu'il se trouvera des hommes qui feront fi de leur carrière politique pour s'attaquer aux problèmes majeurs qui risquent d'hypothéquer l'avenir de leur pays. Si leurs contemporains ne leur en savent pas gré, l'Histoire retiendra leur nom.

Les hommes d'affaires voyagent beaucoup, c'est bien connu. On dit qu'ils sont toujours par monts et par vaux. En fait, c'est à dix mille mètres qu'ils passent le plus clair de leur temps – un très beau temps d'ailleurs : à cette altitude, on se moque des nuages. Ces oiseaux migrateurs donnent l'impression d'être nés dans les halls d'aéroport. Ils s'y déplacent les yeux fermés. Ils sont reconnaissables à leur costume austère, à leur cravate aux couleurs dénuées de toute fantaisie. Durant le vol, ils ne cessent de travailler. Les fabricants d'ordinateurs ont même conçu à leur spéciale intention ces notebooks calibrés à l'exacte dimension de la tablette du fauteuil de l'avion. Ces hommes n'aiment pas perdre leur temps. Dès le décollage, ils se mettent à pianoter sur leur machine. Les compagnies aériennes ont aménagé pour eux une classe spéciale, afin qu'ils ne soient pas mêlés au commun des mortels. C'est que les hommes d'affaires ont besoin de calme et de confort. Peu importe le supplément de prix, de toute façon c'est leur société qui paye. Ils sont choyés par les hôtesses à qui les directeurs de marketing ont fait la leçon : ces gens constituent la clientèle de base permanente. Pas question de les voir changer de compagnie.

Les hommes d'affaires n'emportent avec eux qu'un très léger bagage. Ils savent qu'ils ne s'éterniseront pas dans la ville de destination. Ils sont aussi pain béni pour les taxis car, sitôt débarqués, ils s'engouffrent dans un cab en direction de l'hôtel où ils ont réservé leur chambre. Ils préfèrent les grandes chaînes hôtelières où ils sont assurés de ne pas avoir de mauvaises surprises. Les gérants de ces hôtels standardisés n'ignorent pas non plus que ce sont ces voltigeurs qui leur assurent le pain quotidien.

Ils ne gardent aucun souvenir de leurs voyages, tant pour eux les avions, les taxis et les chambres se ressemblent. En se réveillant le matin, ils ne savent plus s'ils se trouvent à Londres, Amsterdam ou Chicago.

Bien sûr, tout naturellement, pour commander leur petit déjeuner, ils s'expriment en anglais. Ils sont sûrs d'être compris.

Dès leur lever, ils s'acharnent sur le téléphone pour confirmer les rendez-vous pris par fax de leur bureau. C'est qu'ils n'ont pas de temps à perdre dans une ville qui leur restera tout aussi inconnue que les autres. Leur serviette contient les contrats peaufinés que leurs partenaires doivent signer. Si tout va bien, les hôtes débouchent les bouteilles de champagne. Rare moment de plaisir et de détente. Dans le cas contraire, les télécopieurs se mettent à dégorger leur rouleau de papier. Durant les négociations, ils n'ont guère le loisir de téléphoner à leur femme, ce qui leur vaudra d'être accablés de reproches à leur retour et de se voir accusés de négliger compagne et enfants. Les négociations sont épuisantes, mais les litanies des femmes abandonnées le sont encore plus.

Dès qu'ils ont terminé leur travail, ils foncent vers l'aéroport. En cours de vol, ils préparent le rapport de mission qu'ils devront présenter dès le lendemain au comité de direction.

Beaucoup les envient de pouvoir voyager si souvent, et aux frais de la société. En fait, s'ils se sont rendus dans des dizaines de pays, ils n'en connaissent aucun. Au cours de leurs brefs séjours, ils n'ont même pas le temps d'aller acheter la paire de chaussettes de rechange que leur femme a oublié de glisser dans leur valise. Ils doivent supporter les décalages horaires et les différences d'habitudes. Il est des pays où l'on ne mange guère à midi et où l'on dîne à six heures du soir. Il est des pays où l'on travaille samedi et dimanche et où l'on chôme jeudi et vendredi. Ils ne cessent de changer l'heure à leur montre, au point de ne plus pouvoir distinguer s'ils vont déjeuner ou dîner. Dans les journaux, ils s'intéressent d'abord aux éventuels avis de grève lancés par les syndicats des compagnies aériennes. C'est qu'il leur est souvent arrivé de piétiner durant des heures dans un hall d'aérogare en se demandant comment ils attraperont leur correspondance.

Lorsque vient enfin le temps béni des vacances, ils ne rêvent que d'une chose, se prélasser dans le jardin de leur résidence de campagne. Mais leur femme et leurs enfants ont déjà fait leurs valises et sont en train de trépigner d'impatience. Ils ont déjà fait leur choix : ils veulent aller dans une de ces îles paradisiaques situées à l'autre bout du monde.

Retour à l'aéroport.

Si les négociations qui se déroulent actuellement entre le président de l'État algérien, Liamine Zeroual, et les chefs historiques du Front islamique du salut aboutissent à un accord entre les deux parties, on assistera à l'instauration d'un État militaro-intégriste. Que serait ce nouveau régime ?

Afin de préserver ses intérêts et de se prémunir contre d'éventuelles mesures de représailles, l'armée tiendra à détenir certains postes sensibles. En revanche, la gestion du pays sera confiée aux islamistes. Toute la mouvance moderniste sera bien entendu mise au placard, avec son capital d'expérience et sa connaissance des dossiers. Des hommes nouveaux viendront s'emparer des commandes. Ils se dépêcheront de prendre des mesures radicales afin de bien marquer que l'Algérie entame une ère nouvelle de son Histoire. On parlera encore de révolution, et on s'acharnera une nouvelle fois à faire table rase du passé. Des dirigeants inexpérimentés, qui ont la foi du charbonnier et sont convaincus qu'ils détiennent le secret de la panacée, voudront tout changer. Ils auront à cœur d'éliminer la langue française, avec laquelle travaillent la plupart des administrations et toutes les entreprises, sans se soucier de ce que cela entraînera comme perte de temps et d'argent à l'heure où le pays a tant besoin de l'un et de l'autre. La férule des nouveaux idéologues ne manquera pas de mettre au pas la presse algérienne, qui reste l'une des plus libres du monde arabe en dépit des coups de boutoir assenés par le pouvoir et des balles qui abattent les journalistes. La libéralisation brutale du commerce, qui constitue le principal credo économique des intégristes, donnera le coup de grâce à une industrie déjà moribonde. Il lui sera substitué une économie de bazar qui ne pourra vivre que de transactions spéculatives, jusqu'au jour de la grande crise où chacun s'apercevra que le pays est nu.

L'ordre moral qui sera institué privilégiera la religiosité ostentatoire, avec tout son cortège d'hypocrisies, aux dépens de la véritable foi. Celui qui accomplira spectaculairement toutes les prières quotidiennes sera préféré au discret croyant qui, sans sacrifier son devoir religieux, se préoccupera de faire son travail. Celui qui portera barbe et quamis verra devant lui toutes les portes ouvertes, comme ceux qui autrefois, pour montrer patte blanche, exhibaient leur carte du Parti.

Quelle serait dans ce cas la réaction de la Kabylie ? Les habitants de cette région se montrent majoritairement rétifs au projet de société intégriste. Ne risque-t-on pas d'assister à des troubles ? On sait que les leaders du FIS sont farouchement opposés à toute forme d'expression spécifique. Or, les Berbères sont très attachés à leur langue et à leur culture. Boumedienne avait cru pouvoir faire taire leur revendication en les favorisant sur le plan du développement économique. Il n'en fut rien. Un violent mouvement de protestation a éclaté en avril 1980. Récemment, une marche a eu lieu à Tizi-Ouzou pour réclamer l'enseignement de la langue tamazigh à l'école. Et quelle sera la réaction des Kharidjites du Mzab, à qui l'on tentera d'imposer une orthodoxie religieuse qui diffère de leur pratique ancestrale? Un État théocratique installé en Algérie serait porteur de graves risques de dissensions.

Durant trente ans, le parti unique du FLN a tenté de faire régner dans le pays une pensée monolithique. Tous ceux qui osaient ruer dans les brancards avaient alors affaire à la toute-puissante Sécurité militaire. Un État intégriste cherchera à imposer à tous une nouvelle norme. Les dissidents auront affaire aux gardiens de la foi. Toutes les minorités en pâtiront, ainsi que les femmes.

Vouloir réduire un peuple à une seule dimension est un projet inique. L'Algérie est un pays immense, riche et fier de ses diversités géographiques, culturelles, ethniques et religieuses. Cette obsession à vouloir l'uniformiser participe d'une démarche suicidaire. Après le carcan du socialisme spécifique, l'Algérie semble promise à la nuit des obscurantistes.

Le jour où la sagesse reprendra le dessus et où les citoyens ouvriront les yeux, on pourra évaluer le temps perdu. Mais il sera bien tard. L'Histoire est rancunière, et les générations futures cloueront au pilori ces pères qui auront gâché leur avenir.

L'éducation publique est la clé de l'avenir d'un pays. Pourtant, nombre de nos gouvernants s'en désintéressent. S'ils déploient de réels efforts en construisant des milliers de salles de classe par an, ils accordent moins d'attention au contenu des programmes. En fait, c'est comme si on livrait des machines sans manuel d'utilisation. Ce faisant, ils laissent le champ libre aux idéologues de tous bords. Nos jeunes enfants ont un esprit malléable et ils sont réceptifs à toutes sortes de discours. Nombre de prêcheurs louches en profitent pour leur faire partager de douteuses convictions. Ces prosélytes disposent de plusieurs centaines d'heures de parole par an. Les élèves sont bien obligés d'écouter ce qu'ils croient être une leçon. Celui qui apprend à ses auditeurs que deux et deux font quatre est sûr qu'ils prêteront foi aux affirmations nettement moins rigoureuses qui suivront. L'enfant développe souvent une véritable vénération pour son maître : il est certain que de sa bouche ne sort que la vérité. C'est l'amalgame entre la transmission du savoir et la propagande idéologique qui est dangereux. L'enfant est incapable de distinguer l'un de l'autre. Il croira vraie une idée avancée par son enseignant, parce que ce dernier lui a appris le théorème de Pythagore. Si un instituteur reste aussi un citoyen, et a par conséquent le droit d'exprimer ses convictions politiques, il lui est indispensable d'éviter la confusion des rôles. Celui qui est payé par les contribuables pour apprendre à lire et à écrire à leurs enfants ne devrait pas avoir le droit moral ni la liberté de professer ses opinions dans l'enceinte scolaire.

Ce laxisme au niveau du contenu des enseignements laisse la porte ouverte à toutes les formes de dérives. Certains, aujourd'hui, proclament qu'il faut abandonner le savoir au profit de la foi. Ignorent-ils que notre Prophète conseillait aux croyants de se mettre à l'étude de toutes les sciences? On a vu ainsi se généraliser des habitudes aberrantes. En tête d'un devoir de mathématiques, les étudiants invoquent le nom de Dieu. Dieu est omniscient, et je ne suis pas sûr qu'Il apprécie d'être impliqué dans une copie bourrée d'erreurs... Ce fut ainsi que, peu à peu, on acquit la certitude qu'en faisant bénir la construction d'une maison, on pouvait se permettre d'ignorer les lois sur la résistance des matériaux. Ce fut ainsi que, peu à peu, ont eu la conviction que le bon ou le mauvais succès d'une opération chirurgicale tenait plus de la volonté de Dieu que de l'habileté des mains qui avaient ouvert le corps.

Ce fut ainsi que la civilisation arabo-islamique amorça son déclin.

Le savoir ne fait pas concurrence à la foi.

Ibnu Sinna, Pascal et Einstein en sont des exemples magistraux. C'est d'une franche délimitation des territoires que nous avons besoin. Celui qui accomplit ses prières n'est pas tenu de s'en contenter pour tout bagage. Celui qui est passé maître dans sa science n'est pas forcément un mécréant.

Il est nécessaire de fournir aux enfants les armes intellectuelles qui leur permettront d'affronter un monde en pleine mutation. Il faut les préparer aux bouleversements à venir. Le monde change vite – un peu trop vite au goût de nombre d'entre nous, mais c'est ainsi. Rarissimes sont les analystes qui ont prévu à temps l'effondrement du mur de Berlin, l'éclatement de l'empire soviétique, l'arrivée au pouvoir en Afrique du Sud de Nelson Mandela, l'accord israélo-palestinien.

Depuis qu'il existe, l'être humain n'a cessé de progresser grâce à un effort de réflexion et de rationalisation. Il est aussi des principes et des valeurs intangibles qui fondent l'humanité. C'est cet ensemble ouvert de savoir et d'éthique qu'il serait souhaitable d'inculquer aux nouvelles générations. C'est ce qu'avait compris Jules Ferry, qui a fait plus pour la France moderne que nombre de ses grands hommes d'État.

Une fois cette base essentielle acquise, il sera loisible à chacun d'avoir sa propre vision du monde sans pour autant croire devoir partir en guerre contre ceux qui ne la partagent pas.

Il y a un an, jour pour jour, un vendeur de bonbons a tiré deux balles dans la tête de l'écrivain algérien Tahar Djaout. De nombreux autres innocents ont ainsi été tués par balles ou à l'arme blanche. Il ne s'agit pas de privilégier une vie par rapport à une autre. Cependant, force est de constater que certains nous ont plus apporté que d'autres.

On commémore cette année le tricentenaire de la naissance de Voltaire. Il reste l'archétype de la tolérance pour avoir dit et écrit à un de ses contradicteurs que, s'il ne partageait pas ses idées, il se battrait pour qu'il puisse les exprimer.

Je crois qu'il convient de célébrer Voltaire. Cet homme nous a beaucoup aidés à voir clair dans l'éthique politique.

Nous assistons depuis quelques années à une vive montée en force de l'intolérance, ses promoteurs recourant volontiers à la violence. En Bosnie on parle de purification ethnique. En Inde, on détruit des mosquées. Dans l'ancienne RDA, les néo-nazis s'en prennent aux immigrés. En Russie, des mouvements fascistes se constituent et se renforcent. En Algérie, le terrorisme tue au quotidien. En Afrique, les luttes ethniques ont resurgi. Dans les territoires occupés par Israël, les extrémistes musulmans et juifs redoublent de férocité, et le massacre de la mosquée d'Hébron en est la sanglante illustration. En Afrique du Sud, les zélateurs, d'un bord ou de l'autre, ont tout fait pour saboter le processus de démocratisation.

Faut-il laisser la part belle à tous ceux qui usent de la violence? En d'autres termes, n'est-il pas nécessaire de délimiter les frontières entre tolérance et intolérance, c'est-à-dire la ligne à partir de laquelle les tolérants doivent devenir intolérants?

Lorsqu'il s'agit de définir le mot de tolérance, on se rend compte que les dictionnaires eux-mêmes sont confus. Ils parlent de l'attitude qui consiste à admettre chez autrui une manière d'agir et de penser qu'on n'adopte pas soi-même. Cette acception charrie un certain sentiment de condescendance et introduit un rapport d'inégalité entre celui qui veut bien tolérer et celui qui a la chance d'être toléré.

Je crois que la tolérance, au sens moderne du terme, doit être entendue comme le respect absolu de l'autre dans toutes ses différences. Elle est la condition qui nous permet de cohabiter en harmonie, sinon en symbiose, sur cette planète si souvent tourmentée.

1996 sera déclarée par l'Unesco année de tolérance. Bien que tardive, cette initiative est louable. Si, à cette occasion, pouvaient se tenir des états généraux de la tolérance, cela serait l'occasion de dénoncer toutes les maladies, nées de l'intolérance, qui ravagent nos sociétés : racisme, xénophobie, non-respect des droits et libertés, atteinte à l'intégrité physique des personnes.

Les pays de la communauté européenne ont longtemps subordonné leur coopération avec ceux de l'ancien bloc communiste au respect des droits de l'homme par ces derniers.

Les pays occidentaux, les États-Unis en tête, ont adressé de très sévères mises en garde ou pris des mesures d'embargo contre des États présumés encourager le terrorisme international. En revanche, ils ont accueilli chez eux des leaders dont on ne peut pas douter qu'ils encouragent l'usage de la violence et du meurtre. Ce faisant, ils défendent des principes dans un cas mais les ignorent dans l'autre. Si le droit d'asile doit rester sacré, faut-il pour autant l'accorder à des individus qui prônent l'assassinat de personnes innocentes ?

Nous avions coutume de nous retrouver souvent entre amis, à Alger, afin de refaire un monde dont il fallait bien accepter qu'il soit parfois inintelligible, voire apparemment absurde. Et décider d'y voir un indice, non de désordre à standardiser, mais de poésie. Lorsque Tahar Djaout était à mes côtés, je manquais rarement de citer, souvent mal à propos, ces mots d'un grand poète français : *La terre est bleue comme une orange.* Et puis, me tournant vers Tahar, je lui demandais :

– En fait, de qui est-ce ? Rimbaud, Éluard ou Verlaine ?

Tahar Djaout, qui connaissait le rite, souriait avant de répondre. Je ne pourrais plus prononcer ces mots parce qu'il n'est plus là pour me rappeler le nom de leur auteur.

Dans son dernier article paru, Tahar Djaout écrivait : « Une grave menace pèse sur nous. Il conviendrait de la conjurer au plus vite. » Cette menace était l'intolérance. Il en a été victime une semaine plus tard. Ceux qui ont été les instigateurs de sa mort, s'estimant l'objet de persécutions, ont été accueillis à l'étranger. Tahar Djaout repose dans le minuscule cimetière de sa montagne natale, dominant la mer.

De là-haut, il me souffle quand même que le nom du poète c'est Éluard.

« Nous savons maintenant que les civilisations sont mortelles », disait Paul Valéry. La civilisation arabo-islamique fut l'une des plus brillantes. Beaucoup d'érudits se sont penchés sur les causes de son déclin. On n'a pas manqué d'évoquer un facteur économique majeur, qui a été la découverte des voies maritimes de l'Europe avec l'Asie, alors que justement la richesse de l'empire musulman se fondait sur le contrôle des routes terrestres entre ces deux continents. Ces mêmes experts ont souvent oublié d'évoquer une autre cause, qui me semble tout aussi importante.

C'est en 1455 que Gutenberg a découvert l'imprimerie. En 1492, les juifs expulsés d'Espagne se réfugient en Turquie ottomane et proposent au sultan un cadeau technologique inespéré : les secrets de l'imprimerie de Gutenberg. Il sera refusé sous la pression conjuguée des docteurs de la foi, qui jugèrent cette invention blasphématoire vis-à-vis de la sainte calligraphie du Coran, et des corporations de copistes qui y voyaient une menace pour leur emploi.

En 1500, le nombre de livres imprimés en Europe atteignait un million d'exemplaires. Le retard du monde musulman devenait irrattrapable. Ce refus du progrès va accélérer la décadence d'une civilisation qui fut autrefois la plus ouverte, pour avoir diffusé la philosophie grecque, les chiffres indiens et le papier chinois.

Ibn Rushd, né à Cordoue en 1126, avait déjà décelé les débuts de cette sclérose. Dans la *Bidaya*, manuel de la science religieuse musulmane, il ne cesse de s'emporter contre – je cite – « ces prétendus juristes que l'on rencontre de notre temps et qui croient que le plus savant est celui qui a appris par cœur le plus grand nombre de cas de jurisprudence ». Il avait bien senti qu'à vouloir figer la connaissance, on la rendait incapable de s'adapter et d'apporter des solutions originales à des situations inédites. Ses ouvrages ont été brûlés sur la place publique. Pour les retrouver, il a fallu se rendre dans les monastères chrétiens, où non seulement ils avaient été précieusement conservés, mais aussi étudiés, traduits et imprimés sur les presses de Gutenberg.

Au XIXe siècle, Djamal Eddine El Afghani a accompli un effort titanesque pour moderniser la pensée islamique. Mais son travail va sombrer dans la tourmente des épopées coloniales qui feront tomber, les uns après les autres, les pays musulmans sous le joug des puissances européennes. La différence essentielle entre ces deux théologiens est que la pensée d'Ibn Rushd a appréhendé un monde en devenir, alors que celle de Djamal Eddine El Afghani a tenté de réformer des pratiques héritées du passé.

Après la décolonisation, les efforts d'adaptation s'égarèrent souvent dans les diverses voies du marxisme-léninisme. L'échec des expériences socialistes a constitué le terreau d'un renouveau de l'intégrisme musulman. Ce mouvement rejette tous les apports de la modernité, sous prétexte qu'ils sont contraires aux valeurs de l'Islam.

Une conférence, réunie en juin 1993 à Téhéran, proclamait caduque la Déclaration universelle des droits de l'homme car, aux yeux des participants, elle n'était représentative que de la seule civilisation occidentale. On pourrait opposer à ces frileux que ces mêmes Occidentaux ont adopté l'algèbre, né dans un monde musulman ouvert et triomphant.

L'ouverture aux autres est un signe de confiance en soi. Pour vivre, un oiseau picore dans tous les jardins. Ce refus du changement est étayé par un mythe, celui de l'âge d'or qu'on espère retrouver. Si le but est séduisant – qui n'aimerait vivre dans un âge d'or ? –, ce sont les moyens proposés pour l'atteindre qui se révèlent naïvement inadéquats. Vouloir réduire cette entreprise à une gestuelle mimétique des temps anciens et à un fétichisme suranné n'est sans doute pas le bon procédé. Cette vision des choses n'est qu'une nostalgie de Médine au temps du Prophète. C'est une attitude passéiste, car le Prophète est mort et ne reviendra plus jamais parmi nous. Si tant est que cet âge d'or ait vraiment existé, celui auquel nous aspirons ne peut être que devant nous. Nous n'y parviendrons que par un effort de réflexion et une volonté d'action, comme le préconisait Ibn Rushd.

Le ministre algérien des Affaires religieuses vient de prendre une grande initiative : il vient de décider d'attribuer une récompense de 600 000 dinars – soit l'équivalent du salaire annuel d'un ouvrier – à celui qui serait capable de réciter par cœur tout le Coran.

Dans notre enfance, nous apprenions les versets du texte saint parce qu'il est le livre fondateur de notre religion, et non parce nous en espérions une quelconque gratification. En apprenant la nouvelle, j'ai tout de suite pensé à cette phrase d'Ibn Rushd que j'ai déjà citée, et où il brocardait ces juristes qui se croyaient savants parce qu'ils avaient appris par cœur tous les cas connus de jurisprudence.

La mesure qui vient d'être prise, insignifiante en soi, révèle pourtant un grave présupposé, puisqu'elle implique que la foi s'évaluerait au nombre de versets mémorisés. Nous connaissons nombre d'analphabètes qui ne savent que la Fatiha et qui sont cependant de fervents croyants. La connaissance du message divin est sans doute nécessaire à tout musulman, mais l'initiative de ce ministre est symptomatique à plus d'un titre. Au-delà de l'excès de zèle qu'elle dénote chez un homme girouette, elle est caractéristique d'un grand nombre de décisions prises par les dirigeants algériens qui se sont succédé depuis l'indépendance, et qui ont fini par mener au drame un pays béni des dieux.

Cette démarche consiste à préférer l'apparence à la réalité, l'image et la représentation à la vérité et à l'efficacité. Quand Ben Bella est parti en guerre contre les cireurs de chaussures, cela venait d'un bon sentiment : il estimait qu'il était indigne pour un homme de s'agenouiller auprès d'un autre. Mais ce faisant, il n'a contribué qu'à augmenter le nombre d'oisifs tout en privant certaines familles de revenus certes maigres, mais qui leur permettaient de survivre. Que n'a-t-il fourni aux sans-emploi une allocation de chômage? La misère les agenouillait aussi, mais cela ne se voyait pas.

Les pigeons

Quelques jours après la commémoration du cinquantenaire du D Day, ce 6 juin 1944 où les marines américains prirent pied en Normandie, le Parlement français a adopté une loi historique. La politique de la libéralisation entreprise depuis quelques années concerne désormais aussi les pigeons voyageurs. Après l'aval de l'Assemblée nationale, les vénérables sénateurs ont donné leur accord pour l'abrogation de la loi qui imposait des contrôles aux frontières intracommunautaires pour ces très dangereux volatiles. L'Europe des pigeons a ainsi été instituée. Ces animaux ailés pourront aller et venir librement, sans craindre les balles des tireurs embusqués aux postes frontaliers. Ils auront le loisir de roucouler à leur aise de n'importe quel côté de cette démarcation invisible et pourtant bien réelle.

Ce texte est même allé beaucoup plus loin dans l'audace : il abolit la distinction entre colombophilie civile et colombophilie militaire. Les sournois agents de l'étranger qui transmettent des informations secrètes sur l'Hexagone doivent se sentir euphoriques : ils ont maintenant les ailes libres. Les civils auront le droit d'utiliser ce moyen de communication pour faire parvenir des lettres d'amour à leur petite amie. Un pigeon, ça vole partout et ça ne coûte pas cher.

C'est une mesure lourde de conséquences. Avec une demande accrue, on risque de voir se développer une industrie de l'élevage de ces oiseaux pour des raisons autres que culinaires, alors que, déjà, ils pullulent à Paris et dans bien d'autres villes. Tous les balcons seront couverts d'immondices car on est sûr qu'ils seront mieux nourris que les Somaliens.

Mais les honorables représentants de la nation sont allés encore plus loin. La loi supprime la distinction entre pigeons français et pigeons étrangers. En ce sens, elle est proprement révolutionnaire. Et elle constitue un précédent majeur. Puisque la loi est la même pour tous, des petits futés pourraient s'aviser de demander le même traitement pour les bipèdes. En cas de fin de non-recevoir, ils seraient capables de saisir le Conseil constitutionnel. Et si un jugement leur donnait raison ? Le code de la nationalité deviendrait caduc. Tous seraient simultanément français et étrangers, mais en même temps ni l'un ni l'autre, les Français seraient susceptibles d'être considérés comme étrangers et les étrangers comme Français.

Il n'y aurait plus besoin de passeport, de visas ni de contrôles de police aux frontières, ni bien entendu de cartes de séjour. Ne craint-on pas de voir déferler dans le pays des hordes barbares ? On ne verrait plus dans les rues que djellabas, boubous et saris. Toutes les salles de classe seraient bigarrées. Les uns seraient libres d'égorger leurs moutons en toute impunité le jour de l'Aïd et les autres de jouer du tam-tam toute la nuit. On ne respirerait plus que d'écœurantes odeurs de cuisine exotique. Ces envahisseurs pourraient exiger de bénéficier au même titre que les autochtones des allocations familiales et de la sécurité sociale. Ces deux caisses étant déjà largement déficitaires, on se demande dans quel gouffre financier elles plongeraient si elles devaient prendre en charge des gens qui possèdent plusieurs femmes, chacune d'elles étant dotée de plusieurs bambins. Jean et Mohamed, Mamadou ou Ya Din pourraient également prétendre à un même poste de la fonction publique. Un ex-étranger, devenu agent de police, s'offrirait le plaisir de demander ses papiers à un Français de souche. Tous les écrivains du monde pourraient se porter candidats à un fauteuil de l'Académie française. Ils ne seraient plus obligés, comme a dû le faire Senghor, de changer de nationalité.

Plus grave encore : tous ces ni-Français ni-étrangers auraient le droit de voter, puisqu'il n'existera plus de carte d'identité nationale. Pire encore : ils pourraient se porter candidats aux élections. Peut-on imaginer ce qu'il adviendrait de la belle France avec une assemblée truffée de députés maghrébins, un Premier ministre vietnamien et un Président noir ?

Cette initiative est symptomatique de la fréquente inconséquence des législateurs. A moins qu'il ne s'agisse que d'une inconséquence apparente et que le mystérieux fonctionnaire auteur du projet de loi ne rigole d'avoir ainsi pigeonné sénateurs et députés.

Le football

Le football est sans conteste le sport universellement le plus populaire. Une grand-messe de célébration se déroule tous les quatre ans dans un pays choisi et c'est l'occasion d'une liesse mondiale. Les Américains, qui ne prisent guère ce sport, accueillent pourtant cette année les meilleures équipes de la planète. Vont-ils abandonner le base-ball au profit de cette balle ronde qu'on ne doit toucher que des pieds ? Le soccer va-t-il submerger le pays des hot-dogs ? Les États-Unis sont capables de tout. S'ils n'ont pas vraiment adopté ce jeu inventé par les Anglais, ils sont bien conscients de la manne publicitaire que représentent des centaines de millions de gens aux yeux rivés sur leur écran de télévision.

Aujourd'hui, la coupe du monde est d'abord une fabuleuse opération financière. On sait que l'attention d'un téléspectateur n'est jamais aussi soutenue que durant un match auquel prend part l'équipe de son pays. C'est donc une disposition d'esprit idéale pour lui faire ingurgiter quelques messages publicitaires. Les plus grandes entreprises ne s'y sont pas trompées. Sur les stades, leurs panneaux s'affichent à hauteur d'homme, et sur les écrans leurs annonces reviennent à un rythme lancinant. C'est que désormais, il s'agit de gagner de l'argent par tous les moyens.

Pierre de Coubertin, l'initiateur des jeux Olympiques modernes, avait eu une idée de génie. Il pensait qu'il valait mieux opposer les nations aux cours de joutes sportives plutôt que de les voir s'entre-tuer sur les champs de bataille. Mais je crois que s'il était encore de ce monde, il serait passablement mécontent. Non pas de ce qu'on ait amplifié son idée et multiplié les championnats mondiaux, qu'il s'agisse d'athlétisme, de tennis ou de rugby, mais de constater que ce sont aujourd'hui les plus puissantes chaînes de télévision qui décident du choix du pays où doivent se dérouler les rencontres. Il est en effet plus rentable d'organiser une coupe du monde de football aux États-Unis qu'au Bangladesh. Alors que tous les cœurs de la population d'un pays battent au rythme de ceux de leurs onze représentants, les hommes de marketing négocient les contrats publicitaires. Pour eux, que l'un perde ou l'autre gagne n'est pas un enjeu sportif : l'important est de savoir quel marché il représente. Si les Américains sont rapidement éliminés, ce qui est vraisemblable, des dizaines de millions de téléspectateurs éteindront leurs appareils. Grosse perte pour les annonceurs ! Il conviendrait par conséquent que les organisateurs soient conscients de ces enjeux colossaux. Cruel dilemme : si plus personne n'accepte de financer ces rencontres, elles cesseront d'exister. Et s'il s'agit de les faire perdurer, il faudra passer sous les fourches caudines des annonceurs – qui sait jusqu'où?

L'audimat est devenu une loi d'airain. Aucun network qui veut survivre et prospérer ne peut la négliger. Il faut utiliser tous les moyens pour attirer et retenir les clients potentiels qui, aux moments de grande audience, payent des sommes faramineuses pour un message publicitaire de quelques secondes.

Nous sommes ainsi entrés dans l'ère du spectacle. Tout événement, pour exister, doit donner lieu à reportage. Le génocide qui est en train d'être perpétré dans le sud du Soudan n'a aucune importance parce que aucune chaîne de télévision ne peut s'y rendre. En revanche, la réunion de vingt-quatre équipes de football est maintenant un événement planétaire, parce que toutes les chaînes télévisées du monde retransmettent les compétitions. La féroce répression de l'Intifada n'a suscité la réprobation de l'opinion publique que le jour où des images nous ont montré un soldat israélien en train de briser le bras d'un jeune Palestinien avec une grosse pierre. Un photographe vient de recevoir la plus prestigieuse récompense dans sa discipline pour avoir fixé sur cliché une fillette africaine en train d'agoniser alors qu'à quelques mètres un vautour attendait sa mort pour plonger son bec dans ses entrailles. On se demande évidemment s'il n'aurait pas mieux valu qu'il essaie de sauver la fillette plutôt que de la filmer. Mais l'argument est réversible, car ces documents devenus proches, faisant irruption dans le quotidien de gens peu concernés, ont un tel impact émotif qu'ils faillent, au moins un temps, le mur d'impassibilité. Ils relativisent aussi : la coupe du monde de football n'est en définitive qu'une rencontre de jeunes gens aux pieds agiles.

L'été arrive, et nous allons assister aux grandes migrations des vacanciers. C'est aujourd'hui devenu un fait de société majeur. Cela n'a pas toujours existé. C'est l'invention des congés payés qui a induit le phénomène. Le flux d'estivants coule du nord vers le sud, et les pays riverains de la Méditerranée en accueillent le plus gros contingent. Durant deux mois ou trois, certaines villes se vident et d'autres doublent de population. Si on peut enfin respirer à Paris, on étouffe à Hammamet et Agadir. Lorsque Londres prend des allures de ville fantôme, il faut jouer des coudes sur les rivages des îles grecques. Les plages se mettent à grouiller de toute une faune cosmopolite. On y parle toutes les langues. Les hôteliers et les restaurateurs sont les premiers à en bénéficier. Une autre catégorie profite beaucoup des fleuves touristiques : celle des trafiquants de devises. Ils se massent devant les portes des hôtels, ports ou aéroports. C'est que les monnaies convertibles sont un bien précieux pour ceux qui se laissent fasciner par les lumières des villes du Nord et cherchent à s'y rendre le plus souvent possible.

En revanche, les autres habitants des villes du soleil n'héritent que des ennuis de ces invasions massives, des tracas de la circulation jusqu'aux commerçants qui les traitent avec mépris et ne les servent qu'en dernier parce qu'ils n'achètent pas les produits les plus chers. Ils doivent se résigner à croiser chaque matin des gens aux tenues étranges, sinon choquantes, et constatent avec appréhension que leurs propres enfants sont en train d'adopter ces mêmes habitudes vestimentaires. Les gouvernants, eux, se frottent les mains à la pensée de la manne de devises qui leur tombe du ciel et enjoignent aux forces de l'ordre de ne pas trop se formaliser des comportements excentriques de certains étrangers.

Il est d'autres gens qui profitent de cette saison pour déferler vers le sud. Il s'agit des travailleurs émigrés. Mais ceux-là reviennent chez eux. Leur comportement est tout différent des premiers. Ils sont souvent analphabètes et ne savent pas remplir les fiches de police. Peu d'entre eux iront s'étendre sur le sable chaud. Ils passeront le plus clair de leur temps à rendre visite aux membres de la famille. Comme il faut les doigts de plusieurs mains pour compter ces derniers, et que chacun d'eux attend son cadeau, les exilés reviennent chargés comme des baudets. Et puis ils se mettront à raconter les fastes de ces pays mythiques que leurs auditeurs n'ont jamais visités. Ils frimeront un peu, faisant mine de s'étonner qu'il existe encore des ânes, des villages sans eau ni électricité, ou des enfants qui ne vont pas à l'école. Ils feront semblant d'avoir oublié leur langue maternelle. Mais ce sera surtout pour cacher aux assistants, par pudeur, que l'exil est redoutable. Parce que chaque fois qu'ils reviennent avec des valises pleines à craquer, vêtus d'un superbe costume de laine en dépit de la chaleur, au volant d'une voiture rutilante, leurs proches s'imaginent qu'ils vivent dans un pays de paradis et que leur sort est des plus enviable. Ils ne savent pas que ces hommes endimanchés passent onze mois de l'année à manier un marteau-piqueur.

Les touristes et les émigrés ont beau habiter dans le même pays, ils ne se côtoient ni sur un bord de la Méditerranée ni sur l'autre. Le natif de Djerba qui travaille aux chantiers navals de Toulon a certes des chances de rencontrer son contremaître dans l'île. Ils viennent de la même ville et repartent par le même vol, mais une barrière invisible les sépare.

Aux premiers frémissements de l'air, les uns et les autres bouclent leur valise. Les plages exubérantes se verront désertées du jour au lendemain. Les mêmes hordes vont remonter vers le froid et la grisaille. Ils se croiseront et s'ignoreront encore durant les autres mois de l'année. Ils n'auront pas changé parce qu'ils n'auront, ici ou là-bas, rien échangé.

Le monde de l'édition parisienne est un milieu assez singulier en soi. Ne serait-ce que parce que c'est un des rares secteurs d'activité qui utilise des hommes comme matière première. Les éditeurs ont donc, parmi les entrepreneurs, un comportement particulier. Même s'ils sont pressés, ils prennent le temps de recevoir longuement leurs auteurs. Le personnel a pour consigne de se montrer particulièrement amical et attentif envers eux. C'est qu'on considère qu'un écrivain qui vient de terminer un livre est aussi anxieux qu'une femme sur le point d'accoucher. Il convient donc de le rassurer sans cesse. On n'a d'ailleurs pas tort : j'ai connu des hommes tenant le haut du pavé dans le gotha littéraire soudain plus angoissés que des enfants.

L'auteur s'inquiète d'abord de la réception qui sera faite à son livre. Il fait donc le siège de son attachée de presse. Est-elle parvenue à obtenir un article dans tel journal ? Y aura-t-il des émissions radio ? Un passage à la télé constituerait une divine surprise. Dès le mois de juin, les responsables des pages ou des émissions littéraires sont harcelés d'appels téléphoniques.

Car l'idéal est de sortir à la rentrée, si je peux m'exprimer ainsi, afin de pouvoir participer à la course des grands prix littéraires de l'automne. Ces distinctions sont très recherchées, en même temps que de plus en plus critiquées. Trois maisons d'édition sont accusées de les monopoliser grâce à d'obscures manœuvres. Il n'empêche que leurs détracteurs mêmes n'hésitent pas à placer leurs poulains sur la ligne de départ dans l'espoir d'une heureuse exception. C'est que ces prix sont aujourd'hui devenus une véritable manne financière, tant pour le lauréat que pour l'éditeur. Les premiers nominés passent une nuit de rêves enchanteurs. Mais dès le matin, l'angoisse les reprend. Passeront-ils le cap de la deuxième sélection ? En fait, à l'issue de cette course aux obstacles, les plus déçus seront bien sûr ceux qui seront parvenus jusqu'en bout de piste sans décrocher le trophée, car il n'y a ici ni médaille d'argent ni médaille de bronze.

Dès le mois de septembre, les colis de nouveaux romans encombrent les librairies. Les critiques littéraires ne savent où donner de la tête. C'est que la place réservée à la littérature dans les médias se réduit comme peau de chagrin. A la radio, c'est la musique et les informations qui se taillent la part du lion. La télévision subit la loi d'airain de l'Audimat. On a même prétendu que la mire avait plus de succès que certaines émissions consacrées aux livres. Ainsi, faute d'espace, choisir de parler d'un roman implique d'en sacrifier dix autres qu'on passera sous silence. Des débats houleux agitent les rédactions. Faut-il choisir de rendre compte des textes qu'on estime de grande qualité ou de ceux dont les auteurs jouissent d'une grande notoriété ? Cruel dilemme.

L'éditeur trouve chaque matin sur son bureau les articles parus sur l'ouvrage publié et le chiffre des ventes. Si les deux sont bons, il se félicite d'avoir eu du flair en acceptant le manuscrit. Si, en revanche, les articles manquent ou sont très réservés et les chiffres désespérément bas, il s'en prend aux médias, et au public dont on a faussé le goût et qui ne sait plus distinguer le bon grain de l'ivraie.

L'auteur peut évaluer le niveau de son succès à la largeur du sourire de son éditeur. Si on le reçoit séance tenante, dès qu'il se présente, c'est que tout va bien. Si la personne qu'il veut voir est « en conférence », c'est assurément mauvais signe.

Si tout marche bien, auteur et éditeur redoublent de serments d'amitié et de fidélité. En cas de ciel sombre, le premier estimera que son livre a été négligé au profit d'autres ouvrages, qu'il n'a pas bénéficié du soutien nécessaire, taxera même son éditeur d'incompétence. Le second se plaindra de l'ingratitude du premier, affirmant que l'auteur, en cas de succès, ne l'impute qu'à son talent, et dans le cas inverse vitupère son éditeur.

Les méthodes de fabrication des livres ont prodigieusement évolué. Ce sont maintenant d'effrayantes machines qui les débitent à un rythme accéléré – 4 000 à l'heure pour les engins les plus sophistiqués. Le nombre de titres publiés par an est un indice irréfutable du niveau de développement d'un pays. La France ou l'Angleterre sortent chaque année entre 30 000 et 40 000 titres. Le Maghreb tout entier atteint difficilement les 1 000 titres.

Les méthodes de distribution ont, elles aussi, beaucoup changé. Le retour jusqu'à l'entrepôt d'un livre invendu et renvoyé par le libraire revient plus cher que son coût de fabrication. Ce qui donne lieu à la pratique du pilonnage. C'est-à-dire qu'on détruira un ouvrage revenant de Lyon pour fabriquer le même et l'envoyer à Marseille où on l'a commandé. Lugubre gâchis!

Les pays du Sud manquent cruellement de ces ouvrages promis à être hachés menu. Ne serait-il pas possible de mettre en place une organisation multilatérale qui prendrait en charge l'acheminement de ces surplus vers ceux qui les demandent? A la question posée, on commence par arguer de diverses difficultés techniques. Je suis sûr qu'elles ne sont pas insurmontables. Cette opération, si elle se concrétisait, ne pourrait être qu'à l'avantage des deux parties, l'une recevant gratuitement des livres qu'elle n'a pas les moyens d'acquérir, l'autre consolidant son rayonnement culturel et sa présence linguistique.

Le livre est le vecteur essentiel de la transmission du savoir et de la culture, indispensables à tout progrès. Je suis sûr qu'il est plus utile, pour les pays pauvres, à long terme, de recevoir des livres que des sacs de riz.

Personne ne peut manquer de constater la fascination qu'exercent les produits occidentaux sur les habitants des pays du Sud. Il n'est que de voir les travailleurs maghrébins rentrant passer chez eux leurs vacances : leurs malles, valises, sacs, paquets débordent des comptoirs d'enregistrement des aéroports. Leurs bagages à main pèsent souvent plus que les vingt kilos réglementaires. Ceux qui prennent le bateau sont moins sévèrement contrôlés. Quant à ceux qui décident de voyager en voiture, leur malle étant toujours insuffisante, on les voit tous traîner derrière eux une remorque chargée à ras bord.

En Algérie, ces importations personnelles de marchandises venues du Nord constituent une réelle économie parallèle, qu'on appelle le *trabendo*. Avec le terrorisme et la restriction des visas qui s'est ensuivie, les jeunes chômeurs des grandes villes ont été contraints d'abandonner ce commerce fort lucratif. Ce sont les travailleurs émigrés en retraite qui ont pris la relève, car eux bénéficient d'une carte de séjour et n'ont donc pas besoin du précieux sésame qui ouvre les frontières d'outre-Méditerranée. Cette situation se comprend dans la mesure où des pénuries de produits indispensables persistent encore, et que ceux qui en ont besoin sont prêts à les payer leur pesant de billets de deux cents dinars : celui qui ne trouve pas le médicament qui lui est indispensable n'est pas en bonne position pour négocier le prix des gélules qu'on lui propose.

En revanche, je comprends mal qu'on puisse s'enticher de certains produits de bien moindre qualité que ceux dont on dispose dans son pays, et qu'on s'obstine à les acquérir pour une somme bien supérieure. Les jeans de Tunisie ou les chaussettes marocaines reviennent dans le pays où ils ont été fabriqués, mais sous marque étrangère. Les jeunes portent des T-shirts ornés de l'emblème américain même dans les pays où l'on continue à vilipender l'impérialisme yankee. En matière d'électronique, on ne veut entendre parler que d'une certaine marque japonaise. Les chocolats et les montres doivent être suisses, les costumes et les chaussures italiens, les robes françaises. J'ai même entendu parler de balais fabriqués en Espagne, et qui seraient bien meilleurs que les autres. Auraient-ils des fils de soie ? Il me semble pourtant que ce qu'on doit demander à une montre, c'est d'indiquer l'heure exacte et à un balai, de ramasser la poussière.

Pourtant tous ces produits continuent à se déverser chez nous sous divers sigles et logos. En fait, je crois que cette frénésie de consommation des produits occidentaux participe d'une obscure pulsion mimétique. Pour mieux leur ressembler, on commence d'abord par se vêtir, s'équiper et consommer comme les gens du Nord. C'est une démarche qui privilégie la forme aux dépens du fond, l'apparence aux dépens du contenu, le faire-valoir aux dépens de la valeur.

Assez paradoxalement, les nouveaux prosélytes musulmans adoptent une démarche similaire. Ils rejettent certes tous les apports de l'Occident, aujourd'hui considéré, après la chute des régimes communistes, comme le mal absolu. Mais ils imitent avec méticulosité certains comportements et pratiques des habitants de Médine au milieu du VIIe siècle.

Il semble bien que la société maghrébine soit une société duale. Les uns vivent le regard tourné vers l'Est et un monde à jamais révolu, les autres ont les yeux fixés vers le Nord, qui leur est de plus en plus inaccessible. Ils sont tous frustrés, et donc déchirés. Leurs attentes divergent, leurs discours se contredisent. Et surtout, à regarder toujours ailleurs, et non ici et maintenant, ils ne parviennent pas à définir ce projet et cet avenir communs qui constituent le socle fondateur d'une nation. Les menaces d'éclatement sont là, encore souterraines mais toujours actives. Afin de conjurer ce péril majeur, il conviendrait d'établir un modus vivendi, au sens littéral du terme, c'est-à-dire une manière de vivre ensemble. C'est à partir du moment où l'intérêt général prime sur les réflexes idéologiques que commencent à se consolider les fondements d'une nation. Lorsque tous auront le sentiment qu'ils sont embarqués sur le même navire, selon l'expression d'Ernest Renan, chacun pourra librement exprimer ses convictions. On sera assuré qu'en dépit des divergences d'opinion, aucun ne songera à faire couler le navire.

Il est intéressant de relever à quel point le sens du mot travail a pu changer avec le temps. Anciennement, le mot latin dont vient le français *travail* désignait un instrument de torture, puis l'état de celui qui souffre, qui est tourmenté. C'est de là que vient l'expression « femme en travail » pour parler d'une femme en train d'accoucher. Dans l'Antiquité, on ne mettait au travail que les esclaves, les hommes libres passant leur temps à discourir dans les assemblées.

Du Moyen Age au XVIIe siècle, il n'y avait que les manants qui travaillaient, les seigneurs préférant se consacrer à la guerre et aux tournois.

Ce n'est véritablement qu'à partir du XIXe siècle que le mot a acquis son sens noble et a été érigé au rang de vertu cardinale. Marx nous a expliqué que c'était une ruse de la bourgeoisie pour mieux exploiter le prolétariat.

Il est en tout cas étonnant de voir le très grand nombre d'expressions qui ont fleuri à partir de ce vocable. Les moralistes continuent à affirmer que *le travail, c'est la santé*, alors qu'on entend souvent des gens nous certifier qu'*ils se tuent au travail*. Celui qui *travaille d'arrache-pied* ne risque-t-il pas de se retrouver infirme ? On dit qu'on *travaille comme un nègre*, comme si les hommes originaires d'Afrique déployaient une énergie particulière. Hercule a eu à accomplir *douze travaux*. Un *travail de longue haleine* risque évidemment d'essouffler. Le travail illégal est un *travail au noir*, sans doute parce qu'il se déroule dans l'obscurité. Autrefois, en Algérie, quand un colon n'était pas satisfait de la qualité d'un travail, il le qualifiait de *travail arabe*. Les plus prosaïques parlent de *gagne-pain*. Les plus mondains de *job* – ce qui ne les rend pas plus riches pour autant. Le mot *boulot* a pratiquement perdu son sens péjoratif. Mais certains vont au *turbin* comme on va à l'échafaud.

Ce mot, qui a connu une si belle fortune, ne risque-t-il pas d'être bientôt frappé de désuétude ?

En effet, les économies des pays occidentaux sont en train de connaître une mutation structurelle. Le degré d'automation des machines fait que l'industrie a besoin de moins en moins de main-d'œuvre. Dès le début des années 80, les grandes entreprises ont commencé à « dégraisser », comme on dit, c'est-à-dire à licencier une bonne partie de leur personnel. Le taux de chômage a atteint aujourd'hui – voire dépassé – la cote d'alerte. Il constitue désormais un problème majeur de société, mais aussi un enjeu politique. Tous les candidats aux élections, pour capter les suffrages de leurs concitoyens, promettent que la création d'emplois sera leur souci premier s'ils sont élus. Promesse fallacieuse s'il en est, car ce phénomène est une tendance lourde qui se rit des initiatives individuelles. On pourra bien sûr développer les activités alternatives et les services d'aide sociaux dont la qualité laisse souvent à désirer. Mais cela ne pourra jamais absorber le flux continu des millions de personnes qui se retrouvent sans travail.

Ce phénomène s'est déjà produit dans l'agriculture, qui occupait 40 % de la main-d'œuvre active et qui n'en compte plus que 4 %. Et encore, pour cause de surproduction, le Conseil de l'Europe est en train d'inciter les pays à reboiser des terres que leurs grands-pères avaient tant peiné à défricher. Cela signifie que le nombre de cultivateurs va encore diminuer.

Les travailleurs émigrés sont bien sûr les premiers à souffrir de ces réductions drastiques. Ils sont les premiers à être visés par les compressions d'effectifs. Et, en cette situation de crise, s'ils perdent leur emploi, ils n'ont pratiquement aucune chance d'en retrouver un autre. Les gouvernements mettent en œuvre diverses mesures pour les inciter à retourner chez eux, alors que l'opinion publique les accuse de voler le travail des autochtones.

Leur sort est peu enviable car il se trouve que les pays du Sud, dont la situation économique est bien différente, connaissent des taux de chômage encore plus élevés, sans qu'existe le filet social qu'est l'allocation chômage. Le très fort taux de croissance démographique n'est pas là pour arranger les choses.

Après les émigrés, ce sont les jeunes qui sont les plus touchés par cette crise. Ils prolongent le plus longtemps possible leurs études lorsqu'ils ont l'avantage de bénéficier d'une bourse. Aux autres, on offre des stages en entreprise payés par l'État. Ces recrues gratuites sont considérées comme taillables et corvéables à merci. On ne leur confie que les tâches les plus rebutantes avant de les remplacer par d'autres. On se demande alors quelle perception ces jeunes peuvent avoir de ce qu'est un travail.

Je me demande si l'objectif de l'économie de plein emploi de Keynes n'est pas une utopie. Auquel cas, il faudrait songer à réformer les principes civiques qui continuent à fonder les sociétés occidentales. Si le travail n'est plus accessible à tous, doit-on continuer à en faire une valeur essentielle ? Les statistiques montrent que ceux qui ont passé leur vie au charbon, selon l'expression commune, meurent très vite après avoir été mis à la retraite. Ils se sentent désormais inutiles, ce qui les prive de leur ressort vital. Le nombre de suicides est très élevé chez les cadres renvoyés. Le travail va-t-il cesser d'être un droit pour devenir un privilège ? A quel type d'organisation sociale va-t-on alors aboutir ? Dans la société traditionnelle, la grande masse de la population était à la tâche tandis qu'une petite élite s'adonnait aux arts et aux plaisirs. Ne risque-t-on pas d'assister à l'inverse ? Une grande majorité de gens passeraient leurs journées à se rouler les pouces alors que seuls quelques favorisés auraient la chance de pouvoir se rendre chaque matin à leur bureau. Lesquels seraient les bourgeois, et lesquels les prolétaires ?

En vérité, nous ne savons pas quel avenir nous préparent les bouleversements de cette fin de siècle.

Les Méditerranéens ont la réputation d'être fort peu disciplinés. Les étrangers qui viennent nous rendre visite, durant l'été en particulier, ne manquent pas de le penser. Ils relèvent l'insouciance qui nous caractérise et notre sereine tendance à ignorer les lois et règlements. Si notre impulsivité naturelle, sans doute due au climat, n'aime pas être bridée, il n'en reste pas moins que l'administration semble tout faire pour nous inciter à bafouer les réglementations. Bien des décisions prises sont inappropriées, sinon aberrantes. Ces mesures sont concoctées dans de lointaines officines par des bureaucrates qui n'ont jamais marché à pied, parce qu'ils disposent en permanence d'une voiture de fonction. Inutile de préciser que, la plupart du temps, ils ignorent tout des choses sur lesquelles ils légifèrent. A cela s'ajoute le cloisonnement entre les services qui peut faire que, sur un même sujet, existent des dispositions contradictoires.

Il est ainsi possible de citer de nombreux exemples.

Si, dans les villes, on voit les passants traverser les rues n'importe où, c'est beaucoup parce que les passages protégés sont rares et souvent mal placés. La ville appartient autant aux automobilistes qu'aux piétons et il n'y a pas lieu de privilégier les uns aux dépens des autres, d'autant que les premiers, en abandonnant leur véhicule, changent de catégorie, comme le font les seconds quand ils ont rejoint leur voiture. Et ainsi, selon que l'on se déplace à pied ou sur un engin motorisé, on peste contre ceux qui roulent trop vite ou ceux qui vous forcent à ralentir en traversant devant vous. La peinture des passages protégés s'efface avec le temps. Si on oublie de la renouveler, les piétons s'estiment en droit de traverser où bon leur semble. Les ampoules des feux de circulation finissent par griller. Si le rouge ne s'allume plus, l'automobiliste est en droit d'estimer que la signalisation est au vert.

Le législateur doit s'astreindre à se demander si ses décisions sont applicables. Il est ridicule de limiter à 80 kilomètres/heure la vitesse sur autoroute car aucun conducteur ne respectera cette prescription. Bien au contraire, celui qui dépasse la vitesse autorisée se sent alors libre de rouler à tombeau ouvert, puisque de toute façon, pris en faute, il sera pénalisable dans les mêmes conditions.

Ces exemples concernant le code de la route sont généralisables à bien d'autres domaines. Si nos commerçants s'ingénient à inventer divers procédés pour frauder le fisc, ce n'est pas toujours par cupidité, mais parfois parce que les impôts dont ils doivent s'acquitter atteignent des sommes ruineuses. On entre alors facilement dans un cercle vicieux. Les percepteurs, sachant que les déclarations qu'ils reçoivent sont sous-évaluées, procèdent par taxation forfaitaire à des taux majorés. L'année suivante, le commerçant fera état d'un chiffre d'affaires moindre et sera passible d'un redressement. Grâce à ce jeu de saute-mouton, l'économie parallèle ne cesse de fleurir, à tel point que plus personne ne s'y retrouve, l'administration s'estimant flouée et les redevables persécutés.

Les riverains de la plus belle des mers détestent avoir affaire à leur administration. Quand ils s'y rendent – pour régler leurs notes de téléphone ou d'électricité – ils doivent patienter au milieu d'une longue queue avant d'arriver enfin devant le guichet. L'employé qui les reçoit est si désagréable et expéditif qu'on a l'impression qu'il est mécontent de recevoir cet argent, dont pourtant une partie sert à payer son salaire.

L'administration prétend que, si les rues sont sales, c'est parce que les citadins jettent leurs ordures n'importe quand et n'importe où. Mais elle oublie de signaler que les services de voirie font souvent preuve de négligence. Le fait est qu'on éprouve moins de remords en ajoutant un sachet sur un trottoir qui est déjà encombré de détritus. Nous avons tous constaté la quasi-inexistence des poubelles le long des rues. Comment alors reprocher aux citoyens de déposer leurs déchets à même le sol ? Nous avons tous constaté l'absence de cendriers dans les lieux publics où il est permis de fumer. Comment alors reprocher aux gens d'écraser leurs cigarettes sur le parquet ? Nous avons tous constaté que dans les lieux publics où il est défendu de le faire, ce sont les employés eux-mêmes qui dérogent à la règle. Comment alors reprocher aux visiteurs de les imiter?

Je crois qu'une discipline librement acceptée commence dès que s'établit une considération mutuelle entre l'administration et les administrés.

El hidjab

Le port du hidjab dans certains lieux publics a provoqué des polémiques dans plusieurs pays.

En France, cette tenue que tenaient à porter en classe deux lycéennes a suscité un tollé qui a fait couler beaucoup d'encre et de salive. Si le débat a été tellement vif et les avis très contrastés, c'est que ce cas inédit posait un problème de fond aux épigones de Voltaire et de Jules Ferry. La France s'est longtemps considérée comme la fille aînée de l'Église, mais, depuis le XIXe siècle, elle se veut une République laïque. Son école doit l'être aussi par conséquent, car elle a été conçue comme le creuset où se forgent les valeurs civiques dont continuent de se réclamer les citoyens. A propos du hidjab que portaient les deux lycéennes, la question était de savoir si l'on pouvait autoriser, dans l'enceinte scolaire, le port d'un habit qui signalait ostensiblement l'appartenance à une religion donnée. D'autre part, au nom des libertés individuelles, avait-on le droit d'interdire à une personne de se vêtir et se comporter selon les normes dictées par sa croyance ? A deux arguments tout aussi recevables l'un que l'autre, quelle réponse apporter ?

Il semble bien que la controverse n'a pas encore trouvé d'épilogue.

En Algérie aussi, la bataille a été rude, parce que là aussi se posait un cas d'espèce. Une affaire avait même provoqué des remous en haut lieu. Elle était née d'une note de service du directeur de l'hôpital militaire d'Alger rappelant que le personnel médical était astreint au port de la tenue réglementaire. Il s'était trouvé en effet, qu'à la suite d'une lente dérive, certaines infirmières refusaient de quitter leur hidjab pour porter une blouse, même lorsqu'elles pénétraient dans les blocs opératoires. La question posée était encore plus cruciale puisqu'il s'agissait de savoir si on devait ignorer les plus élémentaires précautions sanitaires afin de ne pas heurter les convictions religieuses de ces femmes. Avait-on le droit de faire courir des risques d'infection à une personne qu'on venait d'opérer ? La repartie adverse était que la vie de tout être humain est entre les mains de Dieu. Il s'en est suivi de la houle, de la grogne et des menaces de grève.

Ce même vent de discorde a commencé à souffler sur l'Égypte, après l'arrêté du ministre de l'Éducation obligeant les élèves au port d'un uniforme au sein des établissements scolaires. Les traditionalistes y ont vu une mesure tendant à interdire le hidjab. Les plus extrémistes ont qualifié ce texte de « firman satanique », en référence, bien sûr, aux *Versets sataniques* de Salman Rushdie qui ont valu à son auteur la mise à prix de sa tête par

Khomeiny. Leurs contradicteurs arguënt du fait que le hidjab n'est pas un vêtement traditionnel du pays. Ils opposent ainsi les spécificités culturelles d'une civilisation millénaire à une volonté de normalisation. Ceux de l'autre bord ne manquent pas de leur répliquer que le port d'une blouse ne fait pas non plus partie des habitudes locales et accusent le pouvoir de chercher à occidentaliser le pays. Le non-dit de cette polémique laisse deviner une possibilité de désarticulation entre les concepts de nation et d'oumma. Nul doute que la rentrée scolaire sera tumultueuse sur les bords du Nil. Le leadership égyptien sur le monde arabe, même s'il est en train de s'éroder, reste effectif. C'est la raison pour laquelle la décision du Caire est importante, car elle peut indiquer la bonne – ou la mauvaise – voie à nombre de pays voisins.

Un simple habit est ainsi devenu un symbole et alimente une controverse qui ne cessera pas de si tôt. Pour les uns, il illustre un projet de société rétrograde et marque une volonté d'asservissement de la femme. Pour les autres, il signifie le retour aux valeurs fondatrices de l'identité arabo-musulmane.

Mais au-delà des débats contradictoires que le hidjab continue de susciter, il faut reconnaître qu'une logique d'antagonisme est en train de travailler les sociétés musulmanes. Si l'on n'y prend garde, on risque de la voir dégénérer rapidement et mener à l'usage de la violence. L'Algérie représente un cas extrême. S'il est sain de laisser se développer la libre expression des idées, il est indispensable que les participants au débat s'engagent à préserver les intérêts supérieurs du pays, quel que soit le projet de société qu'ils proposent.

Voici que les relations algéro-marocaines sont frappées d'un nouveau coup de froid. Il reste à espérer qu'il ne s'agit que d'une dispute entre frères, c'est-à-dire qu'elle sera aussi brève qu'elle a été vive, et qu'elle ne ternira pas les sentiments fraternels que les uns éprouvent envers les autres. Si les troubles que vit actuellement l'Algérie suscitent des craintes justifiées de la part de ses voisins, il demeure qu'à long terme le sort des pays du Maghreb est lié. Nous sommes promis à un même devenir, en dépit des différences qui peuvent exister. L'Algérie a eu le malheur d'avoir été dirigée par des hommes à l'idéologie étriquée ou d'une inconséquence effarante. Ainsi a été gaspillé le plus clair de ses ressources humaines et matérielles. Elle est aujourd'hui en train d'en payer le prix. Ce dernier n'est qu'une comptabilité macabre. Chaque jour nous apporte son lot de morts. Le sang macule les façades blanches d'Alger. La population, prise en otage, assiste, impuissante, au déchaînement d'une furie meurtrière qui oppose les réseaux terroristes aux forces de sécurité. Chacun des deux camps estime que le temps joue en sa faveur, ce qui explique la réciproque et féroce surenchère.

Le Maroc a été géré avec bien plus de sagesse. Il est certain qu'aujourd'hui, comparé aux pays du tiers monde, sa situation est parmi les plus enviables. Une suffisance alimentaire, une lente mais régulière croissance économique, une démarche d'ouverture conjuguée avec le maintien des traditions font que ce pays se sent désormais sûr de lui.

Malgré les voies divergentes qui ont été suivies, il faut constater qu'une réelle complémentarité existe entre les deux pays. Les foyers marocains seront heureux d'être alimentés par le gazoduc algérien, comme leurs voisins ont intérêt à importer les denrées qui leur manquent du Maroc. On pourrait multiplier les exemples d'échanges réciproquement bénéfiques.

D'autre part, il est préférable de se présenter unis pour dialoguer avec les pays de la rive nord de la Méditerranée, qui sont nos principaux partenaires commerciaux. Isolés, nous n'en serons que plus fragiles. La chaîne du boulet que traîne l'Algérie finira par se rompre. Nul n'est à l'abri des tourmentes de l'Histoire. A cette échelle de mesure, le temps passe vite. Qui aurait pu penser que le mur de Berlin s'effondrerait en un soir, réunissant dans la liesse un peuple séparé ?

Si les fils du soleil semblent cultiver l'art de la zizanie, je garde la profonde conviction que c'est une même trame qui tisse nos diverses étoffes. Dès le plus lointain passé, c'est toujours solidaires que nous avons su faire face à l'adversité. Vainqueurs ou vaincus, nous avons su resserrer les liens qui nous unissaient afin d'entretenir notre feu intérieur. Il nous faut sans doute retrouver ces vertus de tempérance et de placidité qui firent la force de nos ancêtres.

Cette brouille va compliquer la situation des intellectuels et cadres supérieurs qui avaient choisi de se réfugier au Maroc pour échapper aux menaces de mort dont ils faisaient l'objet en Algérie. Il faut noter qu'ils y ont été accueillis comme des frères. Ces nouveaux proscrits vont vivre désormais dans l'incertitude.

Et que penser de l'état d'esprit de ces dizaines de milliers de couples mixtes, Marocains mariés à des Algériennes, Algériens mariés à des Marocaines ? Leurs enfants sont la vivante illustration des liens indéfectibles que l'Histoire a noués entre les habitants des deux pays.

Il faut espérer qu'il ne s'agit que d'une crise passagère et que les retrouvailles se feront au plus tôt, effaçant l'humeur maussade qui sévit actuellement.

C'est après un long et patient effort de recherche que Louis Pasteur a fini par découvrir le vaccin contre la rage. Ce faisant, il a ouvert une nouvelle voie de lutte contre les maladies microbiennes. On sait aujourd'hui comment traiter la coqueluche, la rougeole, la malaria, le paludisme, la fièvre typhoïde, la tuberculose et tant d'autres affections qui étaient mortelles dans le passé. On est même parvenu à éradiquer la variole de toute la surface de la planète. Cet homme est l'un des plus grands bienfaiteurs de l'humanité. Il serait sans nul doute bien navré d'apprendre que la recherche médicale est, aujourd'hui, dominée par des affaires de gros sous. Les grands laboratoires pharmaceutiques veillent à ce que les travaux soient orientés vers des secteurs rentables. Nombre de maladies endémiques qui sévissent en Afrique n'intéressent aucune équipe de biologistes. Si des crédits de plusieurs millions de dollars sont débloqués chaque année pour la mise au point d'un vaccin contre le sida, une féroce rivalité, peu compatible avec l'efficacité scientifique, oppose Américains et Français.

Il est certain que le premier qui trouvera le remède contre ce virus fera fortune, ainsi que le laboratoire qui aura obtenu la licence de fabrication du produit.

Dans d'autres domaines, d'autres chercheurs ont vu leurs travaux utilisés à des fins extrascientifiques. Je pense notamment à Albert Einstein qui formula la loi de l'équivalence entre matière et énergie, cette équation $E=MC2$ qui reste la plus fameuse du monde. L'homme le plus pacifique que la terre ait porté a vu, avant sa disparition, sa théorie servir à la mise au point d'une bombe atomique qui explosa à Hiroshima, entraînant la mort de quarante-cinq mille personnes. S'il n'a jamais participé à la mise au point de cet engin terrifiant, n'a-t-il pas éprouvé du remords en voyant s'élever l'immense champignon radioactif ?

Dans d'autres domaines encore, les vœux d'autres hommes ont été trahis. Je pense notamment à Karl Marx, qui était tant épris de justice sociale. Qui aurait pu penser que ses épigones, s'emparant du projet de société qu'il préconisait, en profiteraient pour instaurer une dictature et créer des goulags où périrent des milliers de gens ? Karl Marx aurait-il cautionné la politique de Staline, les procès trafiqués de Moscou, l'internement des écrivains contestataires dans des asiles psychiatriques ? Il aurait été effaré de voir à quel point a été falsifié son idéal d'un monde plus égalitaire.

Ceux qui nous ont transmis la parole divine ne furent pas plus heureux.

Jésus-Christ prêchait une religion d'amour. Il a été crucifié et, quelques siècles plus tard, ses lointains adeptes ont perpétré le massacre de la Saint-Barthélemy.

Ceux que Moïse a sauvés de l'esclavage en les ôtant des griffes des pharaons égyptiens se sont dépêchés d'adorer le Veau d'or. Sur les tables des dix commandements que Yahvé confia à Moïse, il était écrit : « Tu ne tueras point. » On sait ce qu'il advint.

La violence répugnait au Prophète Mohammed. Il avait toujours préféré la persuasion à l'usage de la force. De sa main, il n'a jamais détruit que des statuettes censées représenter des divinités. Mais on constate aujourd'hui que des croyants, au nom du Livre révélé, s'autorisent à tuer d'autres croyants. Si le Messager pouvait revenir parmi nous, il serait le premier à renier ces prosélytes qui assassinent des innocents pour accéder au pouvoir, ou qui font du chantage avec des vies humaines.

Ainsi ont été menacés de mort les participants à une simple conférence sur la population mondiale réunis au Caire. Je ne vois pas en quoi une réflexion sur la démographie de notre planète constitue une offense à l'Islam. Si le pape Jean-Paul II est contre l'avortement, ce n'est pas pour autant qu'il a lancé l'anathème contre les spécialistes qui se rencontrent en Égypte.

En Algérie, les élèves n'ont plus le droit de rejoindre leur salle de classe à la très prochaine rentrée, sous peine d'être abattus. Je ne vois pas en quoi des enfants porteraient tort à l'Islam en faisant leurs études. Le Prophète disait à ses disciples : « Allez chercher le savoir, même en Chine. »

Quelle leçon peut-on en tirer, sinon qu'au travers

de l'Histoire, bien des hommes ont usé de tous les prétextes pour assouvir leurs inavouables ambitions. Celui qui est sûr d'être dans la voie de la vérité n'a pas besoin de provoquer une effusion de sang pour faire triompher ses idées ou ses convictions.

On a coutume de dire que la démocratie est une idée neuve. Cela est vrai au regard de l'Histoire, si l'on excepte, bien entendu, la Grèce antique. Mais les Hellènes en avaient une conception bien particulière, qui ne donnait voix au chapitre qu'aux hommes libres, les esclaves étant tenus de travailler et se taire. Winston Churchill disait que la démocratie était le pire des systèmes, à l'exception de tous les autres. Cette affirmation en forme de pirouette signifiait qu'il s'agissait d'un mode d'organisation politique fragile et imparfait, mais le seul éthiquement justifiable. Le mot démocratie a certes donné lieu à de bien étranges interprétations et déviations. Les marxistes-léninistes faisaient la distinction entre démocratisation formelle et démocratisation réelle. Parvenus au pouvoir dans les pays de l'Europe de l'Est, ils instaurèrent des démocraties dites populaires. Il s'agissait en fait, et dans leur propre vulgate, d'établir la dictature du prolétariat. Nous savons qu'en réalité ce fut une nomenklatura qui exerça sa dictature sur le prolétariat. Après la chute du mur de Berlin et l'effondrement des régimes communistes, on a cru assister, dans cette partie du continent, au retour d'une vraie démocratie. Or, que constatons-nous ? La résurgence de groupes néo-fascistes, notamment dans l'ex-RDA, et la progressive remontée en faveur des anciens dirigeants des régimes totalitaires des ex-républiques soviétiques – quand il ne s'agit pas d'un pouvoir extrapolitique mais tout aussi redoutable, celui de la mafia.

Et que penser des leaders des mouvements de libération nationale des pays du tiers monde ? S'ils ont mené un combat juste et courageux pour obtenir l'indépendance de leur pays, sitôt installés au pouvoir, ils se sont comportés en autocrates arrogants, alors que leurs concitoyens avaient soif de démocratie.

Faut-il parler de Castro, qui fut l'homme politique le plus adulé par les intellectuels de gauche ? Celui qui avait provoqué la chute du dictateur Batista s'est dépêché d'instaurer une nouvelle dictature. On nous disait à l'époque que les Cubains heureux dansaient dans les rues de La Havane. Nous savons aujourd'hui qu'ils s'embarquent dans des rafiots pour fuir une île qui n'est plus pour eux qu'une immense prison dont le Lider Maximo détient seul les clés.

Faut-il parler de Sékou Touré, qui avait eu l'audace de dire non au général de Gaulle ? Il a instauré en Guinée une sanglante dictature qui a conduit le pays à la ruine.

Faut-il parler de Mao Tsé-toung qui mena la longue marche afin de soustraire son peuple à l'emprise des Occidentaux ? La Révolution culturelle qu'il a initiée ne fut en vérité qu'une déportation massive d'intellectuels. Quant à ses successeurs, ils portent la responsabilité des massacres de la place Tienanmen.

Il nous faut sans doute parler des États-Unis, qui se veulent les champions de la démocratie. Ils vont probablement intervenir militairement à Haïti pour rétablir dans ses fonctions le père Aristide, le président élu. On est en droit de soupçonner que les calculs électoraux ne sont pas absents dans ce projet. Le parti démocrate est en perte de vitesse, et une nouvelle opération réussie de gendarmerie est de nature à redorer le blason terni des partisans de monsieur Bill Clinton. Nous ne devons pas oublier que c'est l'administration américaine qui a suscité la chute, sinon la mort d'Allende, premier président démocratiquement élu au Chili, pour favoriser l'arrivée de Pinochet. Nul doute que les multinationales de l'alimentation n'étaient pas étrangères à l'aventure.

Il reste enfin à évoquer le cas de Hitler, qui avait profité des latitudes que lui accordait la démocratie de Weimar et des faiblesses du vieux maréchal Hindenburg pour accéder au pouvoir alors qu'on n'ignorait pas qu'une fois nommé chancelier, il instaurerait une dictature dont il serait le Führer. Inutile de rappeler qu'il a été à l'origine de la Seconde Guerre mondiale et que des millions de personnes ont péri lors des affrontements titanesques qui ont suivi.

Ces quelques exemples des nombreux avatars de la démocratie nous obligent à veiller sur elle avec une sourcilleuse vigilance. Car, lorsque le meilleur est dit, il n'est pas toujours fait; lorsque le pire est promis, il est souvent accompli.

La semi-libération d'Abassi Madani et Ali Belhadj laisse beaucoup de gens dubitatifs. On se demande d'abord si cette mesure est de nature à faire cesser la violence et permettre le rétablissement de la paix civile, puisque cet objectif a été défini comme la priorité des priorités par l'actuel chef du gouvernement. Ce n'est pas le cas pour le moment.

Nul doute que cette décision ait été mûrement réfléchie. Nul doute que les pressions des pays créanciers de l'Algérie aient poussé Liamine Zeroual à franchir ce pas – et notamment les États-Unis, qui ont la haute main sur le Fonds monétaire international. Nul doute que l'incapacité des forces de l'ordre à démanteler les réseaux armés ait pesé dans la balance. Nul doute que les exhortations du FLN et du FFS pour la réintroduction du FIS sur la scène politique aient été entendues.

Le tribunal militaire de Blida, qui a jugé et condamné les deux inculpés, vient de recevoir un désaveu cinglant. Est-ce à dire que les sentences des cours spéciales qui ont condamné des centaines de personnes vont être annulées ? Parce qu'il serait injuste qu'il y ait deux poids et deux mesures. Mais, si l'usage de la violence est ainsi absous, cela constitue un dangereux précédent car, demain, d'autres éléments de la mosaïque algérienne se croiront autorisés à utiliser les mêmes moyens pour parvenir à leurs fins. C'est un cycle dans lequel, hélas, risquent d'entrer ceux qui, jusqu'à présent, se sont contentés d'exprimer pacifiquement leurs revendications.

Il reste à savoir quel sera le dénouement de la crise politique algérienne. N'est-on pas en train de s'acheminer vers une accession au pouvoir du Front islamique du salut, quels que soient les subterfuges qu'on utilisera? La libération des deux chefs historiques du FIS conforte leurs sympathisants qui sentent que la victoire de leurs idées est proche. Il ne faut pas non plus oublier qu'Abassi Madani est un très fin tacticien, en dépit de son apparence de chanoine patelin. Il ne cesse de faire monter les enchères. Si, avant de dire s'il participera ou non au dialogue proposé par le chef de l'État, il tient à consulter le Majliss Echoura, c'est pour imposer la légitimité de cet organe et récuser celle du Conseil national de transition. Si la création de ce conseil de transition est artificielle et s'il n'a jamais été qu'une coquille vide, il n'en demeure pas moins que le Majliss Echoura, lui, est un organe occulte dont on ne connaît ni les membres ni les modalités de fonctionnement et de prise de décision.

En fait, cette demi-libération laisse au pouvoir la possibilité de reculer mais elle confère à Abassi Madani une stature d'homme d'État qui prévaut déjà sur les leaders des autres partis politiques, du FLN d'Abdelhamid Mehri au MDA d'Ahmed Ben Bella, sans oublier le FFS de Hocine Aït Ahmed. La redoutable habileté manœuvrière du petit homme fera le reste, d'autant plus que le régime actuel semble à bout de souffle. Il semble qu'il ne s'agisse plus pour ce dernier que de négocier la préservation des intérêts de sa nomenklatura. En définitive, les vieux routiers de la politique algérienne dont je viens d'évoquer les noms n'auront fait que tirer les marrons du feu pour les offrir tout chauds à Abassi Madani.

Cette classe de politiciens, issus de l'époque de la naissance du mouvement de revendication nationale, âgés, usés, embourgeoisés, souvent corrompus, coupés des réalités, aura donc fait le lit d'un nouveau courant politique dont on ne sait trop dans quelle direction il mènera le pays. Tout cela parce que les dirigeants exemplaires d'un des plus prestigieux mouvements de libération nationale, le FLN, dont le sigle est connu de tous, se sont, une fois installés au pouvoir, transformés en apparatchiks avachis, seulement soucieux de leurs querelles intestines.

Il reste qu'entre ceux qui ont décidé d'user de violence pour accéder au pouvoir et ceux qui ont cru que la force leur permettrait de le garder, il y a 10 000 morts, 10 000 familles endeuillées qui pleurent les disparus. Qui faut-il rendre responsable de cette hécatombe? En tout état de cause, ces monceaux de cadavres continueront longtemps à meurtrir la conscience collective algérienne. Il est des jeux politiques pervers qui débouchent sur une tragédie. Tel a été le cas en Algérie durant la dernière décennie. Aux émeutes d'octobre 1988, durement réprimés par l'armée, a succédé une violence au quotidien qui va de l'assassinat d'innocents aux exécutions sommaires.

Il est urgent que se développe une prise de conscience générale, et qu'elle se traduise par la création d'institutions autonomes en mesure d'arbitrer entre les prétendants au pouvoir qui, jusqu'à présent, semblent n'avoir pour seul projet que de redoubler de férocité.

Dans les foyers occidentaux, la possession d'un animal domestique, comme on les appelle, est devenue quasi générale.

Je me souviens qu'à l'époque de mon enfance, dans mon pays, on avait aussi des animaux. Mais on apprenait au chien à être méchant, parce que son rôle premier était de dissuader les maraudeurs nocturnes. Les chats devaient traquer impitoyablement les souris et s'en régaler par la suite – raison pour laquelle on évitait de les nourrir. Si on élevait des poules ou des lapins, ce n'était que pour des raisons alimentaires. L'utilité prévalait sur l'agrément.

Dans les pays nantis, ces bêtes sont dénommées animaux de compagnie. En fait on ne sait plus trop qui est le maître et qui est le compagnon, tant ils sont devenus les rois de la maison. Gâtés, choyés, chouchoutés, caressés, ils font l'objet de mille et une attentions. Dans les supermarchés, les rayons chargés des nourritures qui leur sont destinées ne cessent de s'étendre. Les publicités télévisées concernant ces produits se multiplient. Les vétérinaires voient s'enfler leur chiffre d'affaires. Le prix d'une consultation pour un canari pris de mélancolie est deux fois plus élevé que pour un bipède souffrant d'une allergie au poil de chat. Les coiffeurs pour chiens ne font que prospérer. Ils lavent puis taillent les tonsures en chantant des hymnes à la gloire des cabots. On murmure qu'il existe désormais des psychanalystes pour caniches dépressifs.

Inutile de préciser que ces heureux compagnons sont souvent achetés à des prix faramineux. Ne parlons pas du coût des chats siamois, qui est tel qu'on doit souvent se contenter de figurines en porcelaine pour orner le fronton des cheminées. Les chenils réputés sont visités par les grands de ce monde.

On leur donne des noms affectueux ou emphatiques : Médor pour les chiens et Minouche pour les chats sont du dernier commun. Les visiteurs doivent s'extasier devant la beauté et l'intelligence de ces boules de poils qui mettent à mal leurs bas de pantalon. Flattez le chien si vous voulez flatter le maître de maison, surtout s'il se trouve être votre supérieur hiérarchique.

On est souvent obligé de les supporter dans les taxis, trônant à côté de leur maître et accueillant les clients d'un regard peu amène. Ils pullulent aussi dans les cafés, et aiment s'étaler à l'entrée de la porte, vous barrant le passage. On en rencontre même parfois dans les bureaux. Seuls quelques rares endroits leurs sont interdits d'accès. Autrefois, les commerçants refusaient d'admettre ces quadrupèdes. Désormais, ils les accueillent avec affabilité car ils n'ont pas envie de perdre la nombreuse clientèle de possesseurs d'animaux de compagnie.

Il faut les promener un nombre défini de fois par

jour car ces prétendus amis de l'homme supportent mal d'être enfermés avec lui en permanence.

Ils en profitent pour faire leurs besoins, et la conséquence de cette prolifération est que sur les trottoirs, il faut désormais regarder où l'on pose les pieds. Certaines municipalités ont dû recruter une armée de gens chargés du nettoyage des excréments de la race canine. A Paris, une loi punit d'amendes les propriétaires de ces animaux pris en flagrant délit.

Durant les vacances, de graves dilemmes se posent aux possesseurs. Les plus cruels les abandonnent à cent kilomètres de leur maison en se désintéressant de leur sort. Il y a ceux qui ont la chance de pouvoir les confier à des amis ou voisins, à charge de revanche bien entendu. Il y a ceux qui refusent de s'en séparer et les traînent là où ils vont, en dépit des réticences des hôteliers et des tracas qu'ils leur causent.

N'allez pas croire que je déteste les animaux. Mais je constate que le sort de ceux qui sont ainsi pris en pension est bien plus enviable que celui de dizaines de millions d'enfants qui végètent sur notre planète, orphelins ou abandonnés, livrés à eux-mêmes, errants, souvent affamés, parfois agressés, conduits aux pires extrémités, contraints aux pires déchéances.

Il serait souhaitable de voir un plus grand nombre de foyers des pays riches accepter d'accueillir ces enfants réduits à des conditions de vie infra-humaines. On peut rassurer les éventuels candidats : la nourriture et l'éducation d'un de ces déshérités coûtera moins cher que l'entretien d'un labrador.

L'annulation du voyage en France de Taslima Nasreen, écrivain du Bangladesh dont la tête a été mise à prix par les intégristes de son pays et qui a dû se réfugier en Suède, a provoqué un tollé de protestations de la part des journalistes et des intellectuels. Depuis une décennie, nombre d'écrivains musulmans font plus souvent, hélas, l'actualité politique que littéraire. Quelle que soit la langue dans laquelle ils écrivent, les voilà condamnés à mort et obligés de vivre sous protection permanente, comme Salman Rushdie; les voilà froidement abattus, comme en Algérie et en Égypte, qu'il s'agisse de Tahar Djaout, de Farag Foda et de tant d'autres; les voilà brûlés vifs, comme en Turquie, où trente-cinq d'entre eux périrent dans l'incendie criminel de l'hôtel où ils s'étaient réunis; les voilà contraints à l'exil, formant une curieuse diaspora, celle de la plume.

Les intégristes, de quelque pays musulman qu'ils soient, rejettent toutes les formes d'expression culturelle ou artistique. Écrivains, chanteurs, peintres, sculpteurs, musiciens sont considérés comme hérétiques. Les penseurs et philosophes sont traités d'impies. Au Caire, on a brûlé sur la place publique *Les Mille et Une Nuits*, le plus grand chef-d'œuvre qu'a produit la littérature arabo-musulmane, comme on ne veut plus qu'Omar Khayyam figure dans les anthologies. En Algérie, avant le terrorisme, alors que le Front islamique du salut était encore un parti légal, ses militants ont empêché par la force de multiples représentations artistiques et pris d'assaut une cinémathèque qui projetait un film qu'ils considéraient comme licencieux. Dans les jardins publics, de très belles statues ont été mutilées.

Même le sport est déclaré activité illicite. N'était l'engouement des jeunes pour le football, ce jeu aurait été frappé d'excommunication. Assad, l'un des plus percutants avant-centre de l'équipe algérienne, Assad, le libéro vif-argent, grâce à qui la sélection algérienne à la coupe du monde de 1982 avait battu le redoutable coach allemand, à l'époque de Benkenbauer et Rummenigge, Assad, en se laissant séduire par le chant des sirènes intégristes, sacrifia une prestigieuse carrière sportive. Hassiba Boulmerka, première femme algérienne championne du monde, après avoir remporté sa médaille d'or à Tokyo, fut vouée à l'opprobre pour avoir accepté d'exposer ses cuisses devant des centaines de millions de téléspectateurs.

Il y a là, de la part des intégristes, un trouble rapport au corps qui relève de l'obsession et de la psychanalyse.

Cette conception étriquée de l'islam vise à réduire l'individu à une dimension unique. Dans son refus catégorique de l'art et de la pensée, on voit se dessiner un projet qui plongerait les gens dans l'obscurantisme.

Mais le cas de Taslima Nasreen est significatif à plus d'un égard. Il révèle l'attitude plus qu'ambivalente des pouvoirs établis face à la contestation islamiste. Lorsqu'ils se sentent menacés, ils cèdent du terrain tandis que leurs adversaires se montrent de plus en plus exigeants. Les dirigeants dérivent ainsi de concession en concession. On a l'impression d'une roue à cliquets, c'est-à-dire d'une roue qui ne tourne que dans un seul sens, chaque point accordé étant considéré comme un acquis sur lequel il n'est plus possible de revenir.

Le plus grave est qu'il semble que ces dirigeants soient aux abois et prêts à composer avec ceux qui récusent leur légitimité. Le Premier ministre du Bangladesh – qui est une femme, il faut le souligner – avait d'abord refusé d'inculper Taslima Nasreen pour la teneur de ses écrits et propos. Mais sa fermeté a été ébranlée par quelques centaines de manifestants. Si Taslima Nasreen est aujourd'hui hors de danger, c'est au prix de l'exil – et il reste que ses livres ne seront plus lus dans son pays où ils ont fait l'objet d'une interdiction. En cela, les extrémistes ont remporté une victoire et on augure mal de l'avenir de la littérature dans ce pays, comme on peut craindre pour l'avenir de la culture dans les nombreux pays musulmans où les tenants du pouvoir se laissent intimider.

La Kabylie

En Algérie, la grogne de la région kabyle ne cesse de prendre de l'ampleur.

La revendication de la spécificité berbère est toujours restée lancinante. Du temps de Boumedienne, elle a été étouffée par le puissant appareil de la Sécurité militaire mis en place par feu Kasdi Merbah, lui-même originaire de Kabylie. Boumedienne avait cru que, par le développement de la région, il parviendrait à éroder le sentiment particulariste qui caractérise ses habitants. Il n'en fut rien. Le feu couvait sous la cendre.

La révolte a éclaté en avril 1980, après l'interdiction d'une conférence que devait donner l'écrivain Mouloud Mammeri. Tizi Ouzou s'est retrouvée en état de siège durant plus d'une semaine. Tous les leaders du mouvement ont été incarcérés dans la sinistre prison de Lambèze où, assez curieusement, devaient les rejoindre par la suite les militants intégristes, et notamment Ali Belhadj. Un pouvoir arc-bouté jusqu'au ridicule sur une conception étriquée de l'unité nationale a fini par conduire d'authentiques nationalistes vers une position contestataire qui ne cesse de se radicaliser. Le tamazight – la langue berbère – était totalement absent dans l'enseignement. Leur culture spécifique était ignorée. Comme si la Suisse devait occulter la diversité linguistique et culturelle qui fait sa richesse pour imposer à tous ses citoyens une pensée unique! Les Kabyles n'ont pas oublié que leur région a payé un très lourd tribut durant la lutte de libération nationale et que des dizaines de milliers d'enfants se sont retrouvés orphelins. Ce n'est pas un hasard si la très active Association d'enfants de Chouhada se trouve dirigée par le fils du célèbre colonel Amirouche, qui dirigea le maquis kabyle jusqu'au jour où il fut abattu. Les jeunes estiment ainsi que le sang de leurs pères justifie, dans le cadre national, la reconnaissance de la culture berbère.

La Kabylie est toujours restée rétive au phénomène intégriste. Ces pieux musulmans ne comprennent pas qu'on puisse se servir du Coran pour accéder au pouvoir. Ils réclament aujourd'hui l'introduction du tamazight à l'école primaire. Cette revendication est parfaitement légitime. Il n'en demeure pas moins que le Front islamique du salut refuse férocement droit de cité à la langue et à la culture berbères. Comme s'il fallait interdire aux Indonésiens ou aux Sénégalais musulmans de vivre selon leurs coutumes et de s'exprimer dans leur propre langue. Aux yeux des islamistes, ils sont non seulement niés dans leur appartenance, mais aussi soupçonnés d'être des mécréants en puissance, ou pire, le cheval de Troie des pays occidentaux. La forte émigration kabyle en France contribue à renforcer ce préjugé.

La tension monte en Kabylie. La rentrée scolaire n'a pas eu lieu. Le rapt de Lounès Matoub a contribué à exacerber la crise. Les marches succèdent aux marches et le risque est grand de les voir dériver en affrontements, que ce soit avec les forces de police ou avec les sympathisants intégristes. La libération d'Abassi Madani et d'Ali Belhadj a été considérée, en Kabylie, comme les prémices d'une soumission du pouvoir aux thèses intégristes, et par conséquent comme une menace majeure contre la revendication de la spécificité berbère. Cette région craint ainsi de se trouver en butte à une double intolérance.

Le plus grave est qu'on est en train de voir se dessiner la ligne sinueuse d'une fracture. C'est que le refus du dialogue risque de mener aux pires déchirements. Le jour où l'on a commencé à parler de Serbes, de Bosniaques, de Croates, on a compris que c'était la mort de la Yougoslavie. Après cette tragédie fratricide, la poussière d'États qui résultera de ces dissensions sera-t-elle viable ? Il est permis d'en douter.

En Algérie, on parle aujourd'hui des Kabyles. On peut, je le crains, en venir à parler des Chaouis, des Mozabites, des Touaregs, et de tant d'autres.

A vouloir à tout prix imposer un régime unitaire, nous risquons de nous retrouver désunis. La diversité s'est toujours révélée féconde. Pour pousser fort et dru, un arbre a besoin de plusieurs racines.

Une de mes chroniques précédentes soulignait que les écrivains musulmans faisaient désormais plus souvent, hélas, l'actualité politique que l'actualité littéraire. L'attentat dont vient d'être victime Naguib Mahfouz vient confirmer, une nouvelle fois, ce triste constat. L'auteur de *L'Impasse des deux palais* a été attaqué dans une de ces rues du Caire qu'il aimait tant, et qu'il a si bien décrites dans ses romans. L'unique prix Nobel de langue arabe n'a donc pas été épargné par la furie sanguinaire des fanatiques. Au-delà de la cible choisie, au-delà de la lâcheté de l'agression perpétrée contre un vieil homme quasiment aveugle, l'acte est hautement significatif. Il s'inscrit dans la démarche nihiliste qui caractérise les organisations islamistes et qui consiste à détruire les ressources d'une nation et à éliminer son intelligence vive, de Taslima Nasreen à Naguib Mahfouz, des écoles algériennes qu'on brûle aux bibliothèques qu'on saccage. Il semble bien que ces mouvements soient travaillés par une pulsion de ruine et de meurtre. La question qui se pose est de savoir s'il est possible de promouvoir un projet de société, de quelque nature qu'il soit, en rendant licite le meurtre, qui devient ainsi le moyen d'action privilégié. Sur quelle base peut-on fonder une organisation sociale, à partir du moment où l'ultime interdit, qui est le meurtre, est bafoué ?

Il est loisible de constater que toutes les religions condamnent le meurtre. Le premier des dix commandements que reçut Moïse est : « Tu ne tueras point. » Dans la sourate V du Coran il est dit :

Celui qui a tué un homme
qui lui-même n'a pas tué
ou qui n'a pas commis de violence sur la terre
est considéré comme ayant tué tous les hommes.

Dans la mythologie qui nous est commune, Caïn est puni pour avoir tué son frère Abel.

Aucune fatwa au monde ne peut légaliser le meurtre, et le Djihad ne saurait être entrepris contre les musulmans, à moins de falsifier le message divin. Jamais, au grand jamais, notre Prophète n'a usé de violence. L'acte le plus violent qu'il ait commis dans sa vie a été d'abattre quelques statuettes dans la Kaaba.

Si le meurtre est permis, il devient impossible d'élaborer une morale et de prescrire les lois organiques qui en découlent pour régenter la vie en société. Si le meurtre est autorisé, aucun socle éthique ne saurait se constituer, puisque la valeur suprême, qui est la vie humaine, n'est plus respectée. Du moment que l'homicide n'est plus punissable, aucune communauté d'hommes n'est en mesure de se constituer.

Ces éruptions de violence paroxystique sont-elles passagères, comme un volcan vomit son trop-plein de lave puis s'éteint ? L'Europe en a connu, de la bande à Baader aux Brigades rouges italiennes, qui ont enlevé et assassiné le président Aldo Moro. S'agit-il au contraire de tendances lourdes qui continueront encore longtemps à agir, comme une gangrène qui gagne lentement le corps social ? Dans l'un et l'autre cas, les pouvoirs institués se trouvent désemparés. L'avantage du meurtrier est qu'il est seul à décider du choix du lieu, du moment et de la victime. Devant ce monopole de l'initiative, comment réagir avec efficacité, tout en respectant les droits de l'homme ? Est-on certain que les polices allemande et italienne ont agi en toute légalité lors des opérations de démantèlement des deux réseaux terroristes ? On sait qu'en Algérie, l'armée procède à des exécutions sommaires. Il ne s'agit pas, bien entendu, de justifier les exactions des forces de sécurité, dans quelque cas que ce soit. Il reste qu'un désir de vengeance peut l'emporter sur les considérations humanitaires et le respect du droit.

Cette logique infernale finit par banaliser le meurtre, et Mr Hyde aura l'avantage sur le docteur Jekyll. Cette part de Mal, présente en chacun de nous, si elle n'est pas jugulée, peut conduire au désastre, même si elle est parée d'oripeaux religieux.

Il semble bien que le dialogue engagé par les autorités algériennes avec les leaders du Front islamique du salut soit de nouveau dans l'impasse. On peut constater que la sortie de prison d'une dizaine de dirigeants de ce parti n'a pas entraîné l'arrêt de la violence. Pour l'heure, et sans jeu de mots, plus personne ne sait à quel saint se vouer. A continuer ces pas de clerc, le chef de l'État risque d'être débordé par les faucons de l'armée, qui lui reprochent déjà d'avoir consenti des concessions unilatérales de nul effet. En dépit des assurances qu'on aurait pu lui avoir fournies, Liamine Zeroual est-il assez crédule pour avoir cru aux promesses d'Abassi Madani et s'être persuadé que ce dernier était en mesure de contrôler les activités du GIA, alors que ce groupe se pose comme rival déterminé de l'AIS, la branche armée du FIS ? Toujours est-il qu'il se retrouve les mains vides et dans l'impossibilité de reculer.

Devant cette situation, le fin stratège qu'est Abassi Madani doit hésiter entre plusieurs tactiques. S'il parvient à chaperonner les éléments du

GIA, il apparaîtra comme le chef incontournable du mouvement intégriste algérien. Ce serait, pour lui, une voie assurée vers l'accession au pouvoir. Mais il est clair que les radicaux du GIA ne l'entendent pas de cette oreille. Ils redoublent d'activisme dans la violence et se font fort de barrer le chemin d'un homme qu'ils considèrent comme manipulé par la Sécurité militaire, certains qu'ils sont que leurs deux chefs, abattus par les forces de sécurité, n'ont pu être découverts que sur dénonciation venue du FIS. D'un autre côté, il n'est pas de l'intérêt d'Abassi Madani d'aller trop vite en besogne en prenant rapidement langue avec les réseaux armés. Il est en droit d'estimer que son élargissement est un signe de faiblesse du chef de l'État. Il peut choisir de laisser pourrir encore la situation, afin que le pouvoir ne soit plus à prendre mais à ramasser, selon l'expression célèbre. En ce sens, les coups de boutoir qu'assène le GIA au pays favorisent ce dessein. Il peut donc vouloir temporiser encore.

Il est clair qu'au-delà des surenchères tactiques, le point essentiel du dialogue entre le pouvoir et le FIS est de fixer la date de la tenue de nouvelles élections. Nul doute que la mouvance intégriste l'emportera encore. La question est de savoir si la relance du processus électoral fera cesser la violence. En la matière, le scepticisme est de rigueur. Le GIA accepterait difficilement de se laisser voler le fruit de sa victoire et, pour autant que l'AIS soit vraiment docile aux directives du FIS, il demeure que l'existence de deux réseaux armés et concurrents porte en elle les germes de la division, avec les affrontements meurtriers que cela suppose, comme cela se passe en Afghanistan.

Ainsi, l'actuel chef de l'État est en train de jouer le sort du pays sur un ensemble d'incertitudes. Tandis que les pays étrangers rapatrient leurs ressortissants, laissant inachevés nombre de projets vitaux, tandis que les pays voisins ferment leurs frontières, isolant de plus en plus l'Algérie, tandis que les conditions imposées par le FMI se traduisent par une nette et brutale dégradation du niveau de vie des citoyens, tandis que les étudiants sont interdits d'études, que les cadres, intellectuels et artistes fuient le pays les uns après les autres, tandis que brûlent les forêts, les usines et les écoles, les acteurs politiques se livrent en vase clos à des jeux pervers et à des calculs machiavéliques afin d'assouvir leurs ambitions. Si leur sens de l'intérêt supérieur de la nation s'est érodé au point de ne plus permettre d'instaurer un modus vivendi qui ramènerait la paix civile, c'est qu'il faut désespérer de l'avenir de ce pays.

Au-delà de ces joutes politiciennes, il faut relever que la majorité des Algériens manifestent un ras-le-bol de plus en plus évident vis-à-vis des tenants et des prétendants au pouvoir et, désabusés, les renvoient dos à dos. Ils dénoncent les manigances diverses et ne croient plus en ces pourparlers qui s'éternisent sans réel progrès. Le discrédit populaire de la classe politique algérienne est devenu manifeste, du FLN au FIS, des chefs historiques de la lutte de libération nationale, qui s'obstinent à vouloir apurer les comptes d'un lointain passé, aux nouveaux protagonistes qui ont décidé de mettre le pays à feu et à sang afin de parvenir à leur but.

Ainsi donc, des élections présidentielles vont se dérouler l'année prochaine en Algérie. C'est une décision surprenante et inattendue car, jusqu'à présent, c'est d'élections législatives qu'il était question. On peut se demander quel en est le sens et quelles en seront les conséquences.

Liamine Zeroual, qui souffre d'un réel manque de légitimité, envisagerait-il de briguer les suffrages des citoyens afin de mieux asseoir son autorité ? C'est un projet plus que risqué, car il n'est pas certain qu'il jouisse d'une popularité telle qu'elle puisse lui permettre de l'emporter sur des rivaux probables, tels qu'Ahmed Ben Bella, Hocine Aït Ahmed, ou Abdelhamid Mehri, sans parler d'une éventuelle candidature du FIS, dans la mesure où ce dernier accepterait de se soumettre au suffrage. Si, au contraire, le chef de l'État n'a pas l'intention de solliciter un mandat présidentiel, sa décision s'apparenterait à une démission déguisée. Ainsi donc, il laisserait en pleine confusion l'arène politique algérienne. Il est sûr que, déjà, les états-majors des partis politiques ont commencé à tirer des plans sur la comète. Actuellement, force est de le constater, aucun candidat démocrate n'émerge de la mêlée. Les survivants parmi les chefs historiques de la lutte de libération nationale ont perdu leur aura pour avoir eu l'inconscience de s'engager dans un champ politique miné. L'armée n'a plus guère d'homme providentiel à proposer. Les jeunes leaders de la scène politique, parce qu'ils s'épuisent en querelles intestines, ne parviennent pas à acquérir une dimension nationale. Reste le Front islamique du salut, qui constitue l'inconnue majeure de cette relance. Première question : ce parti dissous sera-t-il autorisé à présenter son candidat ? Si tel n'est pas le cas, la crédibilité de ce scrutin serait gravement compromise. Deuxième question : le FIS acceptera-t-il d'y prendre part ? S'il se prononce par la négative, craignant un truquage des urnes qui jouerait en sa défaveur, on se retrouve à la case départ, avec peut-être pour seul changement un nouvel homme à la tête du pays. Cet élu se retrouverait dans une position plus qu'inconfortable, car il n'est pas évident qu'il bénéficierait du soutien de l'armée alors qu'il devrait indubitablement faire face aux activités des réseaux terroristes et aux critiques des partis d'opposition.

Il y a plus de dix ans que le FIS a engagé une partie de bras de fer avec le pouvoir. Il compte bien en sortir vainqueur. En tout état de cause, il semble qu'il détienne en ses mains un grand nombre d'atouts. Il garde la possibilité de désigner un homme lige, ce qui lui permettra d'avancer masqué. S'il perd les élections, il ne manquera pas de se récrier et d'invoquer l'existence de fraudes. En définitive, le FIS, se fondant sur les résultats du premier tour des législatives annulées de décembre 1991 – qui lui avaient donné une large majorité – considère qu'il est le seul détenteur de la légitimité populaire, et ne se montrera pas prêt à reconnaître un éventuel changement de l'opinion publique.

Cette décision n'est donc pas susceptible de résoudre la crise politique. Au contraire, elle ne peut qu'exacerber les rivalités entre les candidats potentiels et les chefs de cette myriade de minuscules partis, dont il est illusoire d'attendre une Sainte Alliance capable de faire contrepoids à l'électorat du FIS. D'autre part, on peut constater déjà que cette décision n'a pas fait cesser la violence, puisque dès le lendemain de son annonce, cinq enfants ont trouvé la mort dans un attentat à la bombe.

On peut se demander aussi comment vont se dérouler des élections dans un tel climat de terreur. Si certains partis décident de boycotter le scrutin, si le GIA ou l'AIS menacent les citoyens qui se rendraient aux urnes, quelle légitimité aura le résultat de ce suffrage ?

En fait, cette mesure n'est qu'une tergiversation de plus de la part de dirigeants qui se sentent aux abois et qui, depuis leur arrivée au pouvoir, n'ont jamais su adopter une ligne politique claire. En tout état de cause, Liamine Zeroual, qui était venu avec l'intention de dialoguer, doit tirer les conséquences de l'échec des pourparlers et se retirer dès maintenant. Mais il est bien connu que dans les pays du tiers monde, la démission n'est pas une pratique courante.

Un jour, le général de Gaulle, alors qu'il était au pouvoir, convoqua un brillant énarque à qui il envisageait de confier un portefeuille ministériel. Au cours de l'entretien, le postulant, ravi, honoré, se laissa aller à quelques confidences, avouant que, si on lui reconnaissait quelques qualités, il devait en revanche avouer qu'il n'avait pas de chance. L'hôte de l'Élysée se leva alors brusquement et tendit la main à son interlocuteur pour lui signifier la fin de l'entrevue. Le Général eut l'obligeance de le raccompagner jusqu'à la porte, avant de lui dire :

– Voyez-vous, monsieur, je ne peux pas me permettre de nommer des ministres qui n'ont pas de chance.

En fin politique, de Gaulle croyait à cette part impondérable qui peut mener au succès ou à l'échec et qu'on appelle communément la chance. Il en savait quelque chose, lui qui avait réchappé par miracle à plusieurs attentats.

Sur ce plan-là, il faut estimer que Mikhaïl Gorbatchev est l'un des hommes politiques les plus malchanceux de l'Histoire. Il a favorisé la chute du mur de Berlin, il a démantelé le système soviétique dans tous les pays du bloc communiste, et après ce travail de titan, à l'heure de jouir du résultat de ses efforts, un Boris Eltsine, par lui tiré de l'ombre, ramasse la mise sans s'être donné la moindre peine. En revanche, Leonid Brejnev, après dix-huit ans d'immobilisme politique, est mort dans son lit de premier secrétaire du Parti communiste soviétique.

Nelson Mandela a eu beaucoup plus de persévérance que de chance. Il a dû croupir en prison durant vingt-sept ans avant de voir briller son étoile.

Richard Nixon a eu beaucoup de guigne. Le scandale du Watergate l'a contraint à quitter la Maison-Blanche parce que deux journalistes entêtés ont mis au grand jour une banale affaire d'espionnage d'un parti politique adverse, comme si cette pratique n'était pas monnaie courante dans les pays où existe le multipartisme.

Il faut constater que Bill Clinton a beaucoup de veine. A propos du processus de paix engagé au Proche-Orient, il a bénéficié des efforts accomplis par nombre de ses prédécesseurs. Il en a récolté les fruits et passera dans l'Histoire comme le président qui aura patronné la concrétisation de l'accord israélo-palestinien, puis israélo-jordanien, et engagé la Syrie dans la même voie.

Ytzhak Rabin a plus de chance que Shimon Pérès, puisque c'est durant son mandat de Premier ministre que viennent d'être signés les accords de paix, alors qu'ils auraient pu l'être durant celui de son éternel rival. Même pour l'attribution du prix Nobel de la Paix, Shimon Pérès n'a eu droit qu'à un accessit.

Yasser Arafat a eu jusqu'à présent beaucoup de chance, et en particulier celle d'être resté en vie. En 1982, assiégé à Beyrouth par l'armée israélienne, il a pu sortir sain et sauf de la capitale libanaise. Mais après la signature de ces accords, il va avoir besoin d'encore plus de chance. Anouar El Sadate est mort d'avoir osé aller à Jérusalem serrer la main de Begin. Lui a eu beaucoup de courage mais pas de chance. Maintenant, Yasser Arafat a besoin d'encore plus de chance. D'abord pour contrer les actions terroristes du Hamas, qui se promettent de faire capoter l'accord, mais encore et surtout pour gérer la paix.

Tous nos pays connaissent des périodes de quiétude et des phases de tourmente. Il y a des dirigeants qui ont un caractère de père peinard, il en est d'autres qui sont des oiseaux de tempête. Le drame est que les hommes ne sont pas toujours adaptés aux situations historiques. Ceux qui sont en mesure de bien gouverner un pays lorsque prévalent le calme et la stabilité peuvent commettre les pires erreurs dès que survient une crise profonde. Ceux qui sont en mesure d'affronter des défis majeurs peuvent se révéler de piètres gestionnaires d'un banal quotidien.

En ce cas d'inadéquation, c'est le peuple qui n'a pas de chance. N'est-ce pas actuellement le cas de l'Algérie ?

Le drapeau de l'Europe des douze compte douze étoiles dorées sur fond d'azur. Mais le nombre d'étoiles ne changera pas, même si, en janvier prochain, elle comptera sans doute seize membres. Les six premiers pays qui, dès 1951, par le traité de Paris, ont créé la Communauté européenne du charbon et de l'acier se proposaient d'organiser la libre circulation de ces deux produits. Modeste objectif. Mais en 1957, le traité de Rome crée la Communauté économique européenne. Projet bien plus ambitieux et qui sera mené avec une belle persévérance. Son succès fera que l'espace communautaire européen ne cessera de s'élargir. Après leur admission, l'Espagne, le Portugal et la Grèce ont connu une forte croissance économique. Ce pouvoir attractif continue à jouer puisque trois nouveaux pays ont déjà donné leur accord d'adhésion.

Il faut constater que l'Union européenne s'étend vers le nord et vers l'est, mais que sa limite sud semble être définie par les premières vagues de la Méditerranée. Il est vrai que la rive sud de cette mer fait partie d'un autre continent. Mais on oublie souvent que les découpages géographiques sont, économiquement, d'un flagrant arbitraire. Le Maroc est plus proche de l'Espagne que ne l'est l'Angleterre de la France, même si ces deux pays sont désormais reliés par un train. Et dans cette continuité de terre qui va de Gibraltar, à l'extrême ouest, jusqu'à Séoul, à l'extrême est, comment déterminer objectivement ce qui est Europe de ce qui est Asie?

En dépit de ses sollicitations réitérées, la Turquie, qui est située au nord de la Méditerranée – plus au nord que la Grèce – n'est toujours pas conviée à se joindre à l'Union. Ce ne sont donc pas des critères géographiques qui fondent ces regroupements. N'y aurait-il pas des considérations religieuses? Une forme sophistiquée de nouvel ostracisme, qui consisterait à ne pas faire cas des candidatures des pays musulmans? S'agirait-il de facteurs économiques? Il aurait fallu dans ce cas signifier une fin de non-recevoir à la Grèce et au Portugal, dont le niveau de développement est loin d'égaler celui de la France, de l'Angleterre ou de l'Allemagne.

Il est un fait paradoxal. Les pays de l'Union européenne riverains de la Méditerranée sont en train de s'ouvrir au septentrion et de tourner le dos au Maghreb. On peut se demander s'il est logique que la péninsule ibérique ait plus de relations avec les pays scandinaves qu'avec ses voisins d'outre-Méditerranée. De réelles complémentarités plaident pour une coopération accrue des pays de la Méditerranée occidentale. Mais le projet des 5 + 5 a fait long feu, plus par un manque de volonté politique qu'en raison d'obstacles objectifs.

En tout état de cause, le succès de l'Union européenne devrait nous inciter à suivre la même voie.

Aux dernières nouvelles, l'Union du Maghreb arabe est elle aussi en train de s'étendre. L'Égypte souhaite en devenir le sixième membre. Cette demande a pu surprendre, car l'opinion publique a toujours considéré le « peuple de la vallée » comme faisant partie du Proche-Orient, bien que l'essentiel de son territoire soit situé en Afrique du Nord. Est-ce à dire qu'il envisage de se détourner des États situés à l'est de la mer Rouge pour se tourner vers l'Occident ? Il est vrai qu'avec l'Arabie Saoudite, pourtant si proche et si riche, les relations économiques n'ont jamais été florissantes, alors que tant de facteurs de complémentarité appelaient à une bénéfique coopération. L'Égypte craint-elle qu'une fois la paix revenue dans la région, le dynamisme de l'économie israélienne ne lui confisque de nombreux marchés, d'autant plus que les crédits américains risquent de se faire plus rares dans la vallée du Nil alors qu'Israël bénéficie d'une manne annuelle de trois milliards de dollars ? Cherche-t-elle à jouer un rôle de trait d'union entre le Proche-Orient et le Maghreb ? A-t-elle soudain pris conscience qu'elle va avoir de plus en plus besoin des ressources énergétiques nord-africaines ? Sans doute tout cela à la fois, et plus encore.

Cette nouvelle adhésion, si elle a lieu, est de nature à modifier sensiblement les données de l'Organisation régionale. Par son poids démographique, économique et culturel, le pays des pharaons deviendra un acteur important de l'UMA. Un rééquilibrage vers l'aile est de la communauté maghrébine était sans doute souhaitable. Mais pour redonner vigueur à cette Union, il y aura à surmonter les handicaps libyen et algérien. La patrie du colonel Kadhafi est sous embargo aérien, celle de l'émir Abdelkader est en proie au terrorisme. Nul doute que la Tunisie se montrera favorable à cette proposition, qui peut la rassurer vis-à-vis des initiatives intempestives et des brusques volte-face de son voisin. L'Algérie souhaite concrétiser une alliance sacrée avec ses proches afin de mieux combattre le terrorisme.

L'Union européenne ne s'est pas faite sans difficultés. On se rappelle les réticences extrêmes du général de Gaulle face à l'Angleterre. Entre la France et l'Allemagne, les rancœurs issues de la Seconde Guerre mondiale, qui ne s'étaient pas encore éteintes, ont provoqué bien des atermoiements. Mais, par la conviction d'hommes qui avaient foi en la fraternité, les obstacles ont été franchis les uns après les autres.

Il nous reste à espérer que l'UMA suivra le même chemin.

Le poids du service de la dette extérieure des pays africains est devenu insoutenable. L'essentiel de leurs ressources en devises lui est consacré, ce qui ne leur laisse guère la possibilité d'importer les produits qui leur sont indispensables. Pétrole, cacao, café et autres matières premières, bradés toujours davantage, ne suffisent plus à alimenter la pompe aspirante de cette folle invention du crédit extérieur qui absorbe le plus clair des disponibilités monétaires d'un pays, et cela indéfiniment.

Cette pratique perverse fait croire aux débiteurs qu'ils peuvent s'acquitter de leurs dettes au terme d'une période convenue et selon des modalités déterminées. La réalité est bien différente. Par exemple, le pays qui doit neuf milliards de dollars à l'étranger aura beau rembourser le tiers de cette somme chaque année, il ne s'acquittera pas de sa dette au bout de trois ans. Les intérêts, souvent faramineux, les diverses commissions, les frais de gestion, de management ou de je ne sais quelles autres dépenses plus ou moins légitimes, le coût de l'assurance, la rémunération des avocats d'affaires, indispensables dans ce type de contrat, et encore, mais non pas enfin, les *out off pocket*, comme les nomment si joliment les Anglo-Saxons – et qui ne sont en fait que des pots-de-vin déguisés – finissent par alourdir de façon indécente le maigre crédit consenti. A l'exception des intérêts, tous les autres frais sont payables comptant, en bonnes devises. Et comme l'emprunteur, par définition, a besoin d'argent, les banques étrangères, dans leur infinie générosité, accepteront d'augmenter le montant du prêt afin de financer ces charges. Ainsi, elles se font payer d'avance, par elles-mêmes, un argent qu'elles n'ont pas déboursé, étant bien entendu que la rallonge portera intérêts, commissions et autres frais.

C'est ce cycle infernal qui a conduit au surendettement des pays africains. Durant les années 1970, les énormes disponibilités financières du marché monétaire international, issues de l'afflux des pétrodollars, ont conduit les banques opérant en ce domaine à se montrer de plus en plus conquérantes, et à aller proposer leurs liquidités aux pays pauvres qui en avaient bien besoin pour réaliser leurs projets de développement. Nantis de leurs précieuses mallettes bourrées de statistiques, les banquiers ont su démontrer aux dirigeants des pays déshérités que les bénéfices générés par les usines ou les barrages construits rembourseraient largement les crédits contractés. Le miroir aux alouettes a parfaitement fonctionné. Les uns et les autres se sont mis à emprunter à tire-larigot, avec une folle inconscience. Mais les usines ont tardé à se construire. Mais les barrages ont tardé à s'ériger. Les échéances de remboursement des crédits, elles, n'ont pas tardé à tomber. Il a donc fallu mettre en place des crédits relais, c'est-à-dire de nouveaux crédits destinés à rembourser les anciens crédits, avec, cela va de soi, encore des intérêts, frais et commissions.

Et puis, dans les années 1980, ces pays se sont trouvés pris à la gorge, c'est-à-dire dans l'incapacité de s'acquitter du montant des factures qui leur étaient présentées. Ont alors débarqué les pontes du Front monétaire international, qui ont commencé par brandir la menace de remboursements anticipés – mesure de nature à mettre tout pays en banqueroute. Ils ont ensuite édicté les moyens de s'endetter davantage, prescrivant doctement des remèdes qui ne pouvaient qu'aggraver le cas des pays malades. Ils conseillaient de privatiser les économies étatisées et d'étatiser les plus libérales. Dans un cas comme dans l'autre, ces mesures ont toujours pour conséquence une sensible inflation qui rogne brutalement le pouvoir d'achat des ménages. Mais ces experts repartent par le premier avion, peu soucieux des séismes que leurs diktats risquent de provoquer au sein des populations.

C'est ainsi que, sous couvert d'aide au développement, on a lié les poings et les pieds des pays africains, qui se sont retrouvés dans des situations pires que celles qui prévalaient avant l'indépendance.

J'ai tendance à inverser le dicton et de dire qu'« on ne prête qu'aux pauvres », parce que les riches s'arrangeront toujours pour récupérer l'argent qui leur aura été temporairement consenti. Seuls les plus nantis peuvent se permettre d'ignorer leurs redevances extérieures. Les États-Unis sont le pays le plus endetté du monde. Nul ne s'avise pourtant de le tancer.

Un dicton affirme qu'on n'arrête pas le progrès. Soit, mais il faut savoir gérer le changement, répondent les sociologues. C'est un conseil utile, et ils sont bien placés pour connaître tous les traumatismes que peut engendrer, au sein d'une société, la frénésie de faire table rase du passé. Il y a des pays qui ont voulu aller trop vite dans leur désir de tout changer du jour au lendemain. Les paysans, qui vivaient depuis des siècles au rythme de la nature, se levaient et se couchaient avec le soleil, se sont retrouvés dans des usines, astreints à la rigueur mécanique des horaires de l'horloge pointeuse. Il leur fallait commencer à travailler même si, en hiver, à sept heures, il faisait encore nuit, ou grand jour en été. Tenus de se présenter au moins cinq jours par semaine, hiver comme été, ils ont dû renoncer à ces travaux collectifs, labours ou moissons, qui réunissaient tous les bras valides d'une localité, confortaient la solidarité et le sentiment d'appartenance à une communauté. Alors que, dans leurs champs, ils n'entendaient que les pépiements des oiseaux, ils se sont, du jour au lendemain, retrouvés face à des machines assourdissantes, parmi des milliers d'anonymes. Ils ont dû quitter leur campagne natale pour rejoindre un quelconque bidonville. Pour faire comme leurs voisins, ils ont troqué leurs vaches ou leurs moutons contre un téléviseur. Si, là-bas, ils n'avaient pas l'eau courante, ils disposaient de sources et de puits. Dans les favellas, ce liquide est à ce point précieux qu'on est souvent contraint de l'acheter au prix fort, et donc de l'économiser, aux dépens de l'hygiène la plus rudimentaire. Si, là-bas, ils n'avaient pas besoin d'égouts, les ruissellements à fleur de sol des immondices de ces folles concentrations suburbaines sont porteuses de nombreuses maladies. La fièvre typhoïde et le paludisme déciment leurs enfants.

L'exode rural dépeuple les campagnes et étouffe les villes. Dans ces dernières, on voit augmenter la criminalité, la prostitution et la consommation des stupéfiants. Le Caire, Lagos ou Calcutta, et tant d'autres villes du tiers monde, sont devenus proprement invivables.

Il ne s'agit pas, bien sûr, de refuser l'industrialisation et les bouleversements qu'elle entraîne mais d'éviter de trop brutales ruptures, et surtout de préparer les esprits au changement. Cela ne peut se faire que par un patient travail d'éducation. Les pays qui ont voulu mener une marche forcée vers l'industrialisation s'en sont mordu les doigts. Les paysans brusquement transplantés, et qui n'avaient reçu aucune formation, malmenaient les machines qui tombaient en panne plus souvent, et le rendement ne faisait que diminuer tandis que l'érosion faisait des ravages dans les champs abandonnés et que la production agricole baissait. Ainsi, les pays considérés comme des greniers à blé se sont retrouvés nets importateurs de cette denrée de première nécessité. Ainsi, à cause d'usines fonctionnant au ralenti, ou quasiment à l'arrêt, on continuait à acheter à l'étranger les produits qu'on espérait fabriquer localement. Mais, de ces deux poches percées, agriculture et industrie, il fallait pourtant continuer à sortir de l'argent pour régler les dépenses nécessaires au fonctionnement d'un État. Les dirigeants sont allés au plus simple, c'est-à-dire qu'ils ont recouru à l'endettement extérieur. C'est actuellement la situation de plusieurs pays du tiers monde.

Il y a plus grave encore. Je veux parler des névroses provoquées par ces brutales ruptures, tant au niveau de la conscience individuelle que de l'inconscient collectif. La personne qui voit son mode et ses conditions de vie chamboulés du jour au lendemain souffrira de séquelles psychologiques. Quand à cela s'ajoute le sentiment diffus, partagé par une majorité de la population, que, de jour en jour, tout se dégrade, tout se délite, tout se délabre; quand aucun ne perçoit la plus faible lueur d'espoir; quand personne n'a le sentiment de la moindre amélioration, alors le pire est à craindre.

Au terme d'un long cheminement souterrain des esprits, naîtront des monstres physiques et sociaux. Des idéologies aberrantes viendront porter des désirs individuels frustrés. Des vulgates habilleront d'honorabilité des instincts de meurtre. Les pleurs et les cris, le bruit et la fureur, les larmes et le sang deviendront alors inévitables. Ces phénomènes n'apparaissent qu'à terme, ce qui conduit souvent les dirigeants à les négliger. C'est qu'à ne pas prendre la précaution de gérer la modernité et le changement, on risque de les voir rejetés au profit d'idéologies passéistes et rétrogrades. C'est qu'à vouloir brûler les étapes, on risque d'embraser un pays tout entier.

Tous les pays ont connu, au long de leur histoire, des phases de tourmente. Pour ne citer que quelques exemples, on peut parler de l'Angleterre du XVIIe siècle, où Cromwell fit exécuter le roi Charles Ier avec les troubles qui s'ensuivirent ; on peut évoquer la Révolution française, à laquelle succéda le régime de la Terreur institué par Robespierre ; on peut se souvenir de la période fasciste italienne ; on peut songer au trop célèbre Hitler qui a été à l'origine de la Seconde Guerre mondiale ; on peut citer l'ex-Yougoslavie où les ethnies ne cessent de s'entre-tuer ; on peut penser au Rwanda en proie à une guerre civile, au Cambodge qui a longtemps subi la tyrannie des Khmers rouges. Et comment oublier l'Algérie qui vit le terrorisme au quotidien ?

Ce sont ces périodes que choisissent les pêcheurs en eau trouble pour lancer leur hameçon. Ceux qui ont des comptes à régler en profitent pour le faire ; des Machiavel au petit pied s'amusent à jeter de l'huile sur le feu ; ceux qui ne rêvent que de vengeance saisissent l'occasion ; les faux ou vrais espions se mettent à pulluler ; les barbouzes nagent comme des poissons dans l'eau ; les agents de diverses officines s'en donnent à cœur joie ; les services spéciaux ne savent plus où donner de la tête, entre les hommes qu'ils font chanter et ceux qu'ils manipulent.

Ces moments sont favorables à tous les trafics – à commencer par celui des armes, le plus rémunérateur de tous, après la drogue. Des fortunes s'édifient dans ce maelström propice à toutes les combines, arnaques et carambouilles.

Lorsque s'apaise enfin la fureur et que le pays commence à panser ses plaies, on se rend compte du prix à payer pour réparer les ravages causés par ces déchaînements.

L'Algérie est encore sous la fureur du cyclone intégriste. Que coûtera la réfection de ces écoles qu'on a brûlées, de ces trains qu'on a fait dérailler, de ces usines qu'on a sabotées, de ces centraux téléphoniques qu'on a saccagés ? La facture est déjà très lourde et il faudra la régler, une fois la paix civile rétablie. Quels que soient les dirigeants qui viendront demain, ils auront à assumer le bilan de ces destructions. Mais il est, hélas, certain que ce seront les citoyens qui en seront pour leurs frais. On parlera de nouveau d'une période d'austérité nécessaire au relèvement du pays. Il est facile d'incendier une forêt, mais il faut dix ans pour que la végétation repousse. Il est facile de mettre le feu à une usine, mais le remplacement des machines coûtera son lourd poids de devises.

Que de temps et d'argent perdu ! Que de vies humaines sacrifiées !

Les générations futures ne nous pardonneront pas cet immense gâchis, car ce seront à elles de redonner vie à un pays exsangue. Il leur faudra bien du cœur au ventre. Il leur faudra bien de la peine et bien des efforts. Il leur faudra encore trimer, encore souffrir. Elles connaîtront encore les pénuries de produits alimentaires de base, ne trouveront pas où se loger et auront bien des difficultés à obtenir un emploi.

Cela nous enseigne que l'avenir d'un pays ne dépend pas de la quantité de ressources dont il dispose. L'Algérie en est abondamment dotée, sur les plans humain et matériel, alors qu'elle vit une crise économique et politique sans précédent.

Cela nous apprend que l'avenir d'un pays dépend d'un patient effort d'éducation propre à faire naître et à cultiver les valeurs civiques et morales qui ancrent les fondements d'une nation.

Dans le message coranique, Dieu nous révèle qu'ils nous a créés différents afin que nous puissions nous unir et non pas nous opposer. S'Il n'avait créé que des femmes, ou s'Il n'avait créé que des hommes, comment l'un et l'autre sexe auraient-ils pu se rencontrer et, ensemble, faire advenir un nouvel être? Dieu nous parle par métaphore, et nous incite à déduire le sens général du particulier. Peut-on trouver plus belle leçon de tolérance que celle contenue dans ces versets? C'est à vivre ensemble dans la concorde que Dieu nous convie.

Le livre

Le livre est par excellence le symbole du bien culturel et le moyen privilégié d'accès au savoir. Il y a deux décennies, l'Unesco avait inventé un superbe slogan, qui proclamait qu'un homme qui lit en vaut deux. Force est de constater que le livre est en passe de devenir une marchandise comme une autre. Dans les grandes surfaces, il côtoie les camemberts et les aliments pour chiens. Est-ce un bien, est-ce un mal? Les uns arguënt du fait que cette proximité permet de démocratiser la culture. D'autres répondent que cette banalisation de la culture et du savoir contribue à les ravaler au rang des bottes de navets.

Désormais, on consomme du livre comme on consomme du steak. Tous les deux sont sous sachet plastique et sont jetés pêle-mêle dans les chariots des clients. Le scanner de la caissière n'est pas en mesure de les distinguer. La France est l'un des rares pays à avoir promulgué une législation concernant le livre. Cette loi interdit aux grandes surfaces d'accorder des rabais supérieurs à 5 %. Cela permet de protéger le commerce des petites librairies.

Ce pays se distingue aussi par une institution très spécifique. Il s'agit des grands prix littéraires de l'automne. Dès septembre, le petit monde de l'édition entre en effervescence. On suppute, on conjecture, on estime, on évalue, on espère, on craint, on attend. C'est que le lauréat du prix Goncourt est quasiment assuré de vendre 100 000 exemplaires de son ouvrage : une manne, tant pour l'auteur que pour l'éditeur.

Les écrivains risquent eux aussi d'être réifiés et de voir l'intérêt – c'est bien le mot! – qu'on leur porte proportionnel au nombre d'exemplaires vendus de leurs livres. Paul-Loup Sulitzer est certain d'être accueilli comme un roi par son éditeur. Régine Deforges est aussi bien lotie. Jean-Marie Le Clézio est non seulement admiré mais terriblement sollicité. Certains agents se sont spécialisés dans la chasse aux best-sellers, comme à une certaine époque, aux États-Unis, il y a eu des chasseurs de primes.

Le marché du livre scolaire dépasse celui de la littérature générale : ils sont une véritable aubaine pour les éditeurs spécialisés dans ce domaine, car leurs ouvrages se vendent à plusieurs millions d'exemplaires, et cela chaque année.

Les pays maghrébins sont nets importateurs de ces manuels. On peut comprendre qu'ils doivent se fournir en opuscules de langues espagnole, française ou italienne, mais il est étonnant d'apprendre que même ceux écrits en langue arabe nous viennent d'ailleurs. Il semblerait qu'ils soient mieux fabriqués et coûtent moins cher. Cela est bien possible. Mais cette sélection condamne les éditeurs maghrébins à végéter toujours. Le marché de la littérature est trop étroit pour leur permettre de se développer. Afin d'assurer leurs fins de mois, ils se trouvent donc réduits à confectionner des livres de cuisine ou à reproduire des ouvrages dont le contenu est plus que douteux.

Il y a là une forme de dépendance culturelle dont on mesurera un jour les conséquences.

Depuis quelques années, le monde politique français connaît de vives perturbations. Il y a d'abord ces affaires de corruption qui ne cessent de se multiplier. Pierre Bérégovoy s'est suicidé parce qu'on l'a accusé d'avoir usé de son influence de Premier ministre pour obtenir un prêt à des conditions privilégiées. Inutile d'évoquer les nombreuses mésaventures de Bernard Tapie, qui se voit désormais frappé d'inéligibilité. On en est même arrivé à vendre aux enchères son hôtel particulier. Pour une histoire douteuse de mur délimitant sa propriété de Fréjus, François Léotard a dû se démettre de tous ses mandats et fonctions. Alain Carignon est toujours en prison. Les juges se sont permis de perquisitionner dans les locaux du Parti socialiste, chose invraisemblable auparavant. Il y a eu l'affaire dite des initiés, qui a obligé François Mitterrand à se séparer de l'un de ses plus proches collaborateurs – et il semble bien que les instructions en cours vont nous apporter de nouvelles surprises.

Sur un autre plan, le refus de Jacques Delors d'entrer dans la course présidentielle a frappé de stupeur le Landerneau politique. Les sièges des partis sont aussitôt entrés en effervescence. On y supputait à qui mieux mieux.

Les socialistes, qui en avaient fait leur champion sont furieux, déçus ou désemparés. Ils se sentent orphelins, ne savent plus quel candidat pousser vers les joutes électorales de mai. En tout état de cause, quel que soit leur nouveau leader, ils ne croient plus vraiment à une victoire.

Ce désistement a fait jubiler le centre et la droite. Raymond Barre, qui ne cessait de se tâter, va entrer dans la course. Certaines voix de sympathisants du PS vont-elles se porter sur lui ? Jean-Marie Le Pen jubile ouvertement car il croit voir fortement augmenter ses chances d'arriver au second tour. Jacques Chirac et Édouard Balladur sont ravis du forfait de ce favori des sondages.

Depuis l'instauration de la Ve République, jamais une situation politique n'a été aussi heurtée et aussi confuse, à quelques mois d'un scrutin présidentiel. Les mises en examen continuent, tandis que les prétendants à l'Élysée ont commencé à s'étriper.

Le débat d'idées a totalement disparu. Désormais, les candidats potentiels ne se désignent plus par rapport à leur programme mais selon le score qu'ils obtiennent dans les sondages d'opinion. On se demande si, à terme, le suffrage universel ne va pas disparaître pour laisser la place à ces évaluations réalisées par des instituts spécialisés.

Il reste que, dans ce climat troublé, aucun candidat, déclaré ou pressenti, ne s'est donné le loisir de définir une politique pour la France, ni n'a pris le temps de se préoccuper de ses futures relations avec le Maghreb. Vus de l'extérieur, on a l'impression que les politiciens français de tous bords sont en train de se laisser enfermer dans une tour d'ivoire qui les coupe de plus en plus des réalités de notre monde. A s'acharner à cultiver des luttes intestines entre partis et personnalités, la France risque de perdre son rayonnement et son influence dans le monde.

Les pays du Maghreb observent ce tohu-bohu avec un certain dépit. Avec les accords qui tardent à se concrétiser et les multiples différends non encore résolus, un sentiment de lassitude finit par prévaloir sur la rive sud de la Méditerranée. Les relations de la France avec les pays maghrébins sont en train de se distendre, et cela par manque de volonté politique. Si cela devait se poursuivre, on aboutirait, à terme, à faire une frontière de la Méditerranée qui nous a pourtant toujours unis. Que ce soit la droite ou la gauche qui l'emporte en France, on est persuadé que cela ne changera pas profondément la société. En revanche, ce lent mais progressif désintérêt vis-à-vis des pays du Maghreb est de nature à ôter à la France de nombreux atouts au niveau de son influence politique internationale. Il est regrettable de constater que les jeux politiciens sont en train de réduire l'action de ce pays à un pré carré qui ne cesse de s'amenuiser. On devine bien que, lors de la campagne présidentielle, la politique extérieure n'héritera que de la part congrue. Ce progressif enfermement est en train de ramener la France au rang d'un pays banal.

Si les pays du Maghreb en éprouvent de la déception, il faut espérer que cela les incitera au moins à ne compter que sur eux-mêmes et à accélérer la construction d'une union qui tarde à se concrétiser.

Le jour où l'UMA se sera constituée en bloc homogène, elle pourra vivre à son propre rythme, sans avoir à se préoccuper outre mesure des répercussions que pourrait entraîner l'arrivée d'un homme au pouvoir dans un pays étranger, de quelque continent qu'il soit.

Plusieurs ouvrages importants viennent de sortir, qui font le diagnostic des maux de l'économie algérienne. Le plus remarquable est que, pour la plupart, ils ont été écrits par des hommes qui furent des acteurs importants du système durant les décennies Boumedienne-Chadli. Leurs analyses dénotent une lucidité étonnante. Ces hommes savaient que le choix de privilégier l'industrie lourde était une mauvaise option, l'Algérie étant un trop petit pays pour pouvoir fournir des débouchés effectifs à un complexe sidérurgique. Ils n'ignoraient pas que la révolution agraire, qui transformait les paysans en fonctionnaires, augurait du lent naufrage de la production agricole. Ils étaient conscients que l'hypercentralisation de l'industrie nuisait à la productivité. A un certain moment, il n'existait que six entreprises publiques pour gérer les milliers d'usines appartenant à l'État. Un seul office détenait le monopole de l'importation de tous les produits alimentaires nécessaires au pays. La Société des industries chimiques produisait de la peinture, du verre, du détergent, des insecticides, du dentifrice, des abrasifs, des lames de rasoir, de l'eau de Javel – et j'en oublie. La très fameuse Sonatrach, qui n'était officiellement chargée que du transport et de la commercialisation des hydro-carbures a dû fabriquer des ustensiles en plastique, des jouets et des stylos-bille. Les hauts commis de l'État avaient également pressenti que l'instauration de la gratuité des soins médicaux allait encombrer les hôpitaux de gens souffrant de maux bénins aux dépens de ceux chez qui la gravité de l'affection nécessitait un traitement hospitalier.

Et pourtant ces hommes, dont la lucidité n'est pas à mettre en doute, n'avaient rien dit au moment utile. Ils appliquaient une politique dont ils savaient qu'elle serait désastreuse. En ce sens, ils portent une lourde responsabilité dans le naufrage de l'économie algérienne. Ont-ils manqué de courage ? Tenaient-ils à garder leur poste, avec tous les avantages qu'il leur conférait ? Il est vrai que ni Boumedienne ni Belaïd Abdesslam, le tout-puissant ministre de l'Industrie et de l'Énergie de l'époque, n'étaient hommes à supporter la contradiction. C'était en somme le système stalinien moins le goulag. Ces brillants cadres supérieurs, pour la plupart formés dans des universités étrangères, ont même été obligés de s'enrôler au parti du FLN, afin de garder leurs fonctions. Ils se sont ainsi retrouvés sous la coupe de politiques ignares grassement payés par l'État et qui laissaient passer le temps à ne rien faire, installés dans des bureaux luxueux. Ainsi encadrés, que pouvaient-ils faire pour dénoncer les dérives du régime ? Peu de chose, sans doute. Totalement instrumentalisés, ils ont été des marionnettes que les vrais tenants du pouvoir manipulaient à leur guise. Il en fut de même dans tous les pays de l'ancien bloc communiste. N'oublions pas que Boris Eltsine a été élevé dans le sérail brejnévien. Le dirigeant russe d'aujourd'hui fut d'abord le brillant serviteur d'un régime qu'il vitupérait intérieurement.

Cela nous enseigne que les cadres d'un État ne sont pas faits pour contester une politique mais pour la mettre en œuvre. En ce sens, ils jouent un rôle pervers qui consiste à tenter de crédibiliser des décisions aberrantes, à mettre de somptueux oripeaux sur des guenilles. Ils ne sont qu'une façade destinée à tromper les naïfs.

Cela vient de la confusion, souvent faite dans les pays du tiers monde, entre pouvoir et État. C'est lorsqu'on parvient à établir une nette distinction entre ces deux concepts que commence l'État de droit. Ce dernier est le seul en mesure de stopper les dérives des politiciens, même dans les pays considérés comme les plus démocratiques. Aux États-Unis, après le scandale du Watergate, il avait fallu l'*impeachement* pour obliger Richard Nixon à démissionner. Le redoublement de vigilance des juges français est de nature à inciter la classe politique à plus de sagesse.

C'est qu'il faut continuer à se méfier comme de la peste des pouvoirs politiques, de quelque bord qu'ils soient. Seuls des cadres indépendants, jouissant pleinement du pouvoir d'action que leur confère la loi, pourront brider les appétits, les ambitions et la mégalomanie des dirigeants.

Les fêtes de fin d'année sont une aubaine pour tout le monde chrétien. Les employés en profitent pour déserter leurs bureaux pendant une bonne semaine. D'autres vont se tremper les pieds dans l'eau chaude, sur les rives de ces îles lointaines qui vivent un éternel été. Les rues des villes s'ornent de guirlandes et parfois de sapins blancs en matière synthétique. On jouit, de cette façon, de l'illusion de la neige, qui n'est pas toujours fidèle au rendez-vous. Les vrais sapins quant à eux restent verts, mais deviennent de plus en plus petits, sans doute pour des raisons de commodité de transport. Dans les vitrines décorées, c'est le coton qui représente la neige. Si les barbes des pères Noël qui se mettent à pulluler dans les rues sont toujours blanches, c'est en raison de l'âge supposé de ce vénérable et mythique personnage. Mais, pour hotte, il a le magasin dans lequel il vous convie à entrer. C'est que, désormais, ces fêtes de fin d'année sont d'abord une affaire de gros sous. Les commerçants réalisent en quelques semaines une partie notable de leur chiffre d'affaires annuel. Il y a ceux qui restent ouverts jusque tard dans la nuit et ceux qui décident de travailler le dimanche. Tous veulent profiter de l'aubaine. Ils sont ravis de voir leurs produits s'envoler comme paille au vent. Caviar, champagne et foie gras sont de rigueur au cours de la soirée où l'on célèbre la Nativité.

Pour les consommateurs, le plus dur problème est de savoir ce que l'on offrira à ses enfants et à ses proches. Le cadeau idéal doit être original, pas trop cher et, évidemment, différent de celui de l'année précédente. Il faut passer des heures à faire les vitrines dans l'espoir de découvrir l'objet idoine. De ces longues recherches, on revient souvent épuisé et rarement content.

Cette situation est merveilleusement illustrée par une nouvelle dont j'ai oublié l'auteur. Il s'agit de l'histoire d'un jeune couple très pauvre. A la veille de Noël, l'épouse ne sait comment se procurer de l'argent pour offrir un cadeau à son bien-aimé. Elle se décide finalement à aller chez un perruquier pour lui vendre ses cheveux, qu'elle avait très longs et très beaux. Le mari est lui aussi rentré avec un petit paquet bien enrubanné : il contenait un peigne...

Je ne connais pas plus belle histoire d'amour. Mais la question qui se pose est de savoir combien de millions d'objets, chaque année, dès le lendemain de leur achat, se retrouvent dans un fond de placard d'où ils ne sortiront jamais.

Si les fêtes sont nécessaires, si les cadeaux sont utiles, reste qu'il nous faut songer à ceux qui vivent dans le dénuement le plus total. Il existe des enfants qui ne savent pas ce que le mot jouet signifie. Des circonstances heureuses devraient nous inciter à exprimer notre concrète solidarité avec les plus démunis ou les plus éprouvés – ce serait un bien pour tous.

Dans les pays musulmans, les fêtes n'ont aucun caractère ludique. On y est sérieux de bout en bout, même si l'on prépare des agapes monstrueuses, comme le jour de l'Aïd El Adha. Est-ce pour cela que de plus en plus nos jeunes se détournent d'elles pour imiter les chrétiens, fêtant Noël et négligeant le Mouloud ? Il est vrai que Noël a perdu son caractère religieux, sauf pour les quelques rares fidèles qui vont encore à la messe de minuit. Noël est en train de s'internationaliser, à l'instar du 1er janvier. Les pays de la rive sud de la Méditerranée sont les plus exposés à cet effet mimétique, sans doute en raison de leur proximité géographique avec l'Europe, mais aussi parce qu'ils souhaitent attirer les touristes en cette période de fin d'année. On voit ainsi le coton garnir les vitrines des magasins, d'autant qu'il est improbable de voir la neige couvrir les trottoirs de nos villes. Les pères Noël font leur apparition dans nos rues. Ces étranges bonshommes vêtus de rouge intriguent les passants qui s'interrogent sur ces sortes de Martiens.

Les fêtes sont nécessaires parce qu'elles nous ménagent une courte accalmie dans un monde tourmenté. En ce sens, elles sont les bienvenues.

Le 1er janvier, on a coutume de se souhaiter une heureuse année. Il nous reste à espérer que 1995 nous sera plus clémente que celle qui l'a précédée, car cette dernière nous a donné plus de drames que de cadeaux.

L'Algérie est en train de s'isoler progressivement de la communauté internationale.

La prise d'otages dans l'avion d'Air France a eu et aura encore de nombreuses répercussions. Déjà, Édouard Balladur a décidé de suspendre les liaisons aériennes et maritimes avec l'Algérie. La compagnie espagnole Iberia a interrompu ses vols vers Alger. L'Italie est en train de se tâter. Des navires gaziers ont refusé d'accoster dans les ports algériens. De nombreux autres pays européens songent à prendre exemple sur leurs voisins. La frontière terrestre avec le Maroc est toujours fermée. On se demande, dans ces conditions, comment il sera possible d'assurer l'approvisionnement alimentaire de la population, alors que le ramadan approche et qu'on sait que ce mois est une période de consommation effrénée. Le pays n'est-il pas en train de se laisser enliser dans un embargo de fait ? Si le pétrole et le gaz ne parviennent plus à s'exporter, si le blé et le lait ne parviennent plus à quai, quelles seront les conditions de vie de la population, qui déjà, sont loin d'être réjouissantes ?

D'autre part, le retentissement médiatique de cette prise d'otages a ancré dans l'inconscient des Français que le mal algérien était en train de traverser la Méditerranée pour répandre ses violences et ses ravages au travers de l'Hexagone. Pour attiser des braises qui couvaient sous le feu depuis l'indépendance, le Front islamique du salut a désigné la France comme principal ennemi extérieur et menace de propager le terrorisme sur son sol. Nul doute que des mesures plus discrètes, mais sans doute plus contraignantes, seront prises à l'encontre des citoyens algériens. Il est facile de deviner qu'elles ne seront pas de nature à favoriser l'intégration des émigrés qui sont nés en France ni à améliorer l'ambiance des banlieues où ils vivent.

Il faut aussi signaler que cet acte de piraterie dissuadera nombre de touristes de se rendre au Maghreb. Les grands tours operators nous qualifient déjà de pays à risques. Si l'Algérie a, hélas, peu à y perdre, ce n'est pas le cas de nos voisins marocains et tunisiens, dont les ressources en devises proviennent largement de cet afflux d'étrangers. Afin de redonner confiance aux touristes, ils peuvent être amenés à renforcer les mesures sécuritaires aux frontières, ce qui contribuera à isoler davantage encore l'Algérie.

Une question cruciale se pose, qui est de savoir comment cette prise d'otages a pu se réaliser aussi facilement. Après la bombe de l'été 1992, l'aéroport d'Alger était supposé sous haute surveillance. Alors que l'on savait que les personnes et les biens français étaient particulièrement visés, après les rafles et les expulsions opérées par Paris dans les milieux intégristes, comment se fait-il que les avions, français notamment, n'aient pas bénéficié d'une protection renforcée? S'il est vraisemblable de supposer que les pirates aient joui de complicités internes, on s'étonne d'apprendre que des mitrailleuses et des bâtons de dynamite aient pu être introduits au sein de l'Airbus. Un simple cordon de sécurité aurait dissuadé toute entreprise de ce genre.

Au-delà de ces faits tragiques, il reste que nous sommes confortés dans le sentiment d'une réelle impuissance du pouvoir, qui apparaît vieilli, usé et inefficace. C'est sans doute une des raisons pour lesquelles certains pays étrangers ont décidé de miser sur les jeunes loups du FIS, comme les Américains et les Allemands. Il faut constater qu'aucun attentat n'a jamais été commis contre un ressortissant de ces deux pays. Ils ont été séduits par le dynamisme de ces jeunes gens, et leur ont ouvert grands les bras, même s'ils risquent un jour de s'en mordre les doigts. Du côté du pouvoir, ils n'avaient que des routards fatigués, indolents, et qui passaient le plus clair de leur temps dans des cliniques luxueuses à se préoccuper de leur état de santé.

Ce renouvellement de la classe politique que toute l'opinion publique appelle de ses vœux tarde trop. Ces vieillards qui ne cessent de se passer le relais du pouvoir ne contribuent qu'à le discréditer plus encore. Leur principale faiblesse est qu'ils n'ont plus la foi nécessaire pour la conduite d'un État, avec les contraintes et les sacrifices que cela impose.

Si les trois partis d'opposition réunis à Rome parviennent à s'entendre sur une plate-forme et à former une coalition, ce sera un nouveau coup dur pour le régime. C'est eux qui apparaîtront aux yeux de l'opinion internationale comme des hommes de bonne volonté et constitueront des interlocuteurs privilégiés pour les partenaires traditionnels de l'Algérie.

On peut considérer que l'ère des grandes guerres mondiales est désormais révolue. Les accords de Yalta, en divisant le monde en deux zones d'influence, ont consacré l'émergence de deux superpuissances militaires, les États-Unis et l'Union soviétique, rivales, sinon ennemies. Il était bien clair que leur alliance tactique ne survivrait pas à la chute du nazisme. Et en effet, dès la paix signée, l'une et l'autre s'engagèrent dans une folle course aux armements afin de préparer la troisième guerre mondiale qui devait mettre aux prises le monde dit libre et l'empire communiste. On expérimentait à qui mieux mieux des missiles nucléaires toujours plus rapides, toujours plus précis, toujours plus ravageurs. C'était l'âge d'or de l'espionnage. Chacun semait ses agents et ses taupes chez l'adversaire. En 1962, on fut en effet au bord d'une troisième guerre mondiale, après que les Soviétiques eurent installé des missiles à Cuba. Mais l'ampleur des destructions que les nouvelles armes auraient engendrées incitèrent les dirigeants de l'époque à plus de sagesse.

Une autre stratégie fut alors adoptée, qui consistait à allumer et entretenir des petits ou grands brasiers dans les pays tiers sous influence adverse. Il y eut la guerre du Vietnam, durant laquelle l'Union soviétique fournissait Hô Chi Minh en armes, tandis que les Américains, venus soutenir Saigon, noyaient sous les bombes la partie nord du pays. Dans le conflit du Proche-Orient, l'Égypte et la Syrie étaient équipées par Moscou tandis que la Maison-Blanche soutenait indéfectiblement Israël. Lorsque Brejnev décida d'envahir l'Afghanistan, les États-Unis ne se firent pas faute de fournir les moudjahidines en armes sophistiquées. Les deux grands ne répugnaient pas à recourir chacun à des pays alliés pour accomplir leurs desseins. Lors des conflits de l'Éthiopie et de l'Angola, ce furent des troupes cubaines qui débarquèrent pour prêter main-forte à leurs amis.

Cette rivalité se retrouvait même au niveau du sport, qui leur apparaissait comme un nouveau champ d'empoignades – plus pacifique sans doute, car il ne s'agissait que de monter le plus souvent possible sur le podium. Toujours est-il qu'on n'entrevoyait plus un affrontement direct entre les deux superpuissances. La chute du mur de Berlin, puis l'effondrement de l'empire soviétique, sont venus confirmer cet état de fait.

L'islamisme radical concerne aujourd'hui tous les pays musulmans, si éloignés soient-ils du lieu de la révélation coranique. Ces mouvements sont en train de tisser entre eux de subtils liens de coordination, de créer des réseaux de solidarité effectifs, que ce soient au grand jour ou de manière occulte. Ils sont animés par la conviction qu'au travers du monde, les musulmans sont constamment humiliés. Ils n'ont pas oublié l'invasion de l'Afghanistan par les Soviétiques qui y établirent, suprême défi, un régime communiste. Ils n'ont pas oublié l'affront qu'infligèrent les Américains à l'Irak durant la guerre du Golfe. Ils n'ont pas oublié les massacres dont furent victimes les musulmans de Bosnie de la part des Serbes. Ils n'oublieront pas la férocité et la sauvagerie de la répression russe en Tchétchénie, dont les résistants, abandonnant la capitale noyée sous les obus, sont montés au maquis au nom d'Allah ou Akbar.

Les pays européens qui comptent une forte communauté d'immigrés, comme la France, l'Allemagne, l'Angleterre, se trouvent aussi concernés par l'émergence de ces mouvements confessionnels. Le racisme et l'exclusion dont sont victimes ces adeptes de l'islam ne font que nourrir un sentiment de rancœur envers le pays hôte, et les poussent à prêter une oreille attentive à certains discours mobilisateurs. Il est certain qu'ils descendront de plus en plus souvent dans les rues. Les manifestations qui eurent lieu à propos du port du hidjab ne sont que les prémices de revendications à venir.

Ainsi, une toile d'une immense étendue est en train de se tisser lentement, chaque pays basculant dans le camp intégriste venant consolider la trame avec de nouveaux. On voit déjà se dessiner un bloc constitué de l'Iran, du Pakistan, du Bangladesh et de l'Afghanistan, et peut-être aussi de l'Irak, si Saddam Hussein venait à disparaître.

Le réveil de ces mouvements radicaux est susceptible, lui, de provoquer une troisième guerre mondiale. A l'inverse des deux premières, elle ne mettra pas aux prises des belligérants d'égale puissance. C'est pourquoi elle prendra sans doute d'autres formes que les précédentes, mais n'en sera pas moins meurtrière.

Le monde des médias est un monde bien étrange, et plus particulièrement celui de la télévision. Ceux qui disposent d'une caméra cyclope se comportent partout comme en terrain conquis. Si vous avez le rare honneur d'être l'invité d'une de leurs émissions, vous pouvez vous considérer comme un élu. On commence par vous indiquer l'heure précise à laquelle vous devez vous présenter. Alors que vous croyez être accueilli chaleureusement à votre arrivée, les demoiselles de la réception vous apprennent que le présentateur n'est pas encore arrivé et, d'un geste négligent de la main, vous désignent un salon où vous êtes invité à patienter. Une demi-heure plus tard, votre hôte apparaît, l'air débordé, et vous prie aussitôt de l'excuser pour quelques minutes qui, accumulées, font un demi-tour de cadran de montre. Pour ne pas perdre de temps, il vous propose de passer au maquillage. La dame qui vous accueille semble hésiter, comme si elle estimait qu'elle allait gâcher ses beaux produits sur votre peau si ingrate. Avec votre visage enduit de poudre de riz, vous vous sentez métamorphosé. En entrant dans le studio, vous constatez que trois inconnus sont déjà installés sur le plateau. On vous désigne votre siège, on vous accroche un micro, et l'attente recommence. Sous le feu des projecteurs, les gouttes de sueur gâchent le travail de la maquilleuse. L'animateur arrive enfin en s'excusant encore. Aussitôt, trois personnes viennent lui murmurer en même temps des choses qui semblent de la plus haute importance et le dernier des sourds aura compris que cela ne concerne pas l'émission qui va bientôt commencer. Enfin libre, celui qui est assis en face de vous explique que les interventions doivent être brèves et percutantes afin d'accrocher l'attention du téléspectateur, étant donné que l'émission ne passe pas à une heure de grande écoute. Vous ressortez souvent de là en vous demandant ce que vous êtes venu y faire.

Les journalistes accompagnés d'une caméra sont partout chez eux. Le nom de leur chaîne est un sésame qui ouvre toutes les portes. Ils pénètrent ainsi jusqu'au saint des saints. Ils sont accueillis à bras ouverts même s'ils dérangent l'ordonnancement des bureaux, déplacent les plantes vertes et encombrent le parquet d'un redoutable enchevêtrement de fils. Après une heure de remue-ménage, ils rangent leur matériel et s'éclipsent sans un mot. Le jour de l'émission, les interviewés se rendent compte que n'ont survécu que vingt secondes d'images. Les ciseaux qui claquent dans les studios ne sont plus ceux de la censure, mais ceux du temps. Afin d'éviter au téléspectateur de zapper, les réalisateurs le font pour lui.

Au cours des cérémonies, les journalistes sont les seuls à ne pas rester immobiles lorsque éclate un hymne national. Ils en profitent au contraire pour mieux fixer sur pellicule les personnalités présentes. Lors de l'attentat commis contre le président Reagan, un caméraman a continué tranquillement à filmer la scène. Cette séquence a dû lui valoir une belle promotion et, pour sa chaîne, un bon paquet de dollars car ces images ont été revendues dans le monde entier.

Ils sont partout où la guerre fait rage, où les gens meurent de famine ou d'épidémies. La mort les attire et les fascine.

La frénésie du scoop est telle qu'ils n'hésitent pas à demander à une mère ce qu'elle a éprouvé lors de la dramatique disparition de son fils.

Ces journalistes ne tremblent que devant un seul maître : Sa Majesté l'Audimat. Les chiffres tombent tous les matins. On les trouve parfois collés dans les ascenseurs, afin que nul n'en ignore.

Si le score monte, les responsables de la chaîne se font tout sourire pour eux et leur accordent même quelques flatteuses tapes sur l'épaule, en signe d'encouragement. Si la réussite de leur émission est manifeste, ils pourront même quitter le créneau à écoute confidentielle où ils étaient confinés pour se pavaner dans la tranche du « prime time ». Mais la gloire est frivole, et bientôt un jeune loup viendra les chasser de leur niche dorée.

L'intégrisme islamique est un mouvement qui marquera sans doute la fin de ce siècle, comme le firent auparavant le marxisme et le fascisme. Il s'apparente au premier par son ambition de fonder une internationale destinée à promouvoir la « Révolution ». Comme le second, il vise à instaurer un ordre moral fondé sur la charia, le droit canon musulman.

A l'instar de tous les mouvements populistes, il se fonde sur un paradigme symbolique et tire sa substance d'un échec historique. L'âge d'or est celui des premiers temps de l'Islam, lorsque s'appliquait rigoureusement la loi divine. La lente décrépitude de l'Empire ottoman, dernier symbole de la puissance islamique, s'expliquerait par sa progressive permissivité vis-à-vis des règles du Livre édictées par Mahomet. Il suffirait donc de retourner à une stricte obédience pour retrouver la société idéale et son rayonnement d'antan. Le sophisme de ce raisonnement qui ignore les changements survenus entre-temps n'a pas manqué d'être relevé.

Pourtant, le messianisme du mouvement fonctionne admirablement. C'est qu'en termes de marketing, sa cible est parfaitement définie. Son message s'adresse aux nouveaux damnés de la terre, ces jeunes paumés qui pullulent aux abords des grandes villes, innocents fruits d'une procréation inconséquente, et qui découvrent soudain que la société ne leur a réservé aucune place. Les islamistes sont leur conscience, et expriment leur virulent reproche.

Si leur projet ne peut soutenir une approche rationnelle, s'il abonde en apories, c'est parce qu'il s'ancre sur une frustration et nourrit des fantasmes. Les recrues du parti nazi croyaient-elles sincèrement que les Juifs étaient la cause de tous les maux de l'Allemagne?

De plus, il faut noter la détermination des leaders et militants islamistes. Ils ont la foi du charbonnier, des Palestiniens expulsés d'Israël qui campent dans la neige aux activistes algériens du FIS qui continuent de défier un formidable appareil répressif. Leur irrédentisme est notoire. Après avoir ébranlé le régime du shah d'Iran, Khomeiny, pourtant exilé à Neauphle-le-Château, considéra comme illégal le pouvoir de Chapour Bakhtiar, homme de compromis s'il en fut. L'Afghan Massoud rejeta tous les accommodements proposés par Najibullah. De sa prison militaire de Blida, Ali Belhadj ne cesse d'appeler l'armée à se révolter contre le régime au pouvoir.

On peut estimer qu'ils s'inscrivent à contresens de l'Histoire, et relever l'ambivalence d'un comportement qui récuse la modernité mais use de ses outils. En prônant la charia comme loi fondamentale tout en refusant d'investir expressément l'espace politique, ils agissent de manière inconséquente. Ils veulent inspirer les décisions du prince tout en se défendant d'exercer le pouvoir, comme l'ayatollah iranien ou le Soudanais Hassan Tourabi. Leur supranationalisme, qui espère abolir les frontières entre musulmans de tant de pays, fait l'impasse sur une phase historique durant laquelle se constituèrent les États-nations, nouvelle forme d'affirmation identitaire. Si cette territorialisation suscita tant de conflits fratricides, comme la guerre Iran-Irak, il n'en reste pas moins que l'Histoire a démontré que les empires ne peuvent perdurer, qu'ils aient eu leur siège à Rome ou à la Sublime Porte. Désormais le soleil se couche sur la « perfide Albion » qui a perdu la plupart de ses possessions. La France a dû dire adieu à ses colonies. Le pays des soviets s'est morcelé.

Mais les intégristes n'ont cure des arguments qu'on leur propose. Ils restent arc-boutés sur leur rêve d'un monde meilleur.

L'Occident, pourtant satanisé par les prosélytes islamistes, ignore les soubresauts qui agitent le monde musulman. Ses médias ne traitent plus que les événements, papillonnant d'un pays à l'autre de drame en tragédie. Ses dirigeants se sentent rassurés par l'efficacité de leurs armées qu'ils éprouvent en envoyant leurs soldats punir les outrances de Saddam Hussein ou les exactions des forbans somaliens. Ils restent préoccupés par les enjeux et défis commerciaux qui les opposent, comme si seule la circulation des marchandises déterminait le sort de la planète.

En revanche, les responsables des pays musulmans doivent affronter la contestation intégriste au quotidien, larvée ou violente. Que leurs contempteurs soient réprimés, tolérés ou associés au pouvoir, leurs préceptes infléchissent les décisions, comme autrefois le marxisme servit de base aux revendications sociales en Europe.

Les faucille, svastika et croissant ont surgi pour nous rappeler, parfois de la pire manière, que l'ordre de notre monde est détestable.

En guise d'épilogue

Nous voici dispersés, pire que paille d'une aire à battre, au gré du vent. Il ne nous reste plus qu'à évoquer les souvenirs d'une joie de vivre que nous n'appréciions pas assez. A nous retrouver sans cesse entre amis pour deviser et refaire le monde autour d'une table, nous avions fini par nier les déchirures qui nous étaient promises par des nabots chthoniens, sans doute jaloux de nos rires. C'est dans la lueur ternie de nos regards que l'on devine la nostalgie du pays perdu. Et nos sourires forcés ne parviennent plus qu'à faire sourdre nos larmes.

Mais, à la fin de la discorde, nous reviendrons au pays de nos ancêtres, vierges de tout passé. Bien entendu, le soleil brillera. Les douces caresses de la mer nous laveront de toute souillure. Nous redeviendrons neufs comme au premier matin du monde, avec ce clair désir de tout recommencer. Bien sûr, nous refuserons les fanfares, mais nous serions touchés si quelques fillettes venaient nous offrir des fleurs. Nous retrouverons nos mères pleurant de joie et nos amis bougons mais attendris.

Ils auront déjà égorgé le mouton pour fêter notre retour. Au cours de la soirée, nous éviterons soigneusement de leur raconter les peines endurées. Il nous faudra tous rire à gorge déployée afin de contraindre le sort à nous être désormais plus favorable. Nous chanterons à n'en plus finir, quitte à déranger les voisins qui ignorent tout de nos retrouvailles. Ils appelleront sans doute la police, mais nos hôtes sauront circonvenir les hommes en uniforme. Le plus dangereux sera de retrouver ce parler depuis longtemps enfoui au tréfonds de nous-mêmes. Nous irons à la pêche juste pour respirer de nouveau cette odeur d'algue marine. Et la mer sera bleue, comme nous l'avions connue dans notre enfance. Et le murmure du vent dans les feuillages nous fera de tendres confidences. Nous serons euphoriques. Et nous nous réaccoutumerons à faire des bras d'honneur au soleil levant.